Giraldo Palomo, Juan Carlos
    Los Rodríguez Orejuela / Juan Carlos Giraldo Palomo
    — Bogotá: Ediciones Dipon, Ediciones Gato Azul, 2005.
    226 p.; 24 cm.
    ISBN 958-82-4324-6
    1. Narcotráfico - Historia - Colombia  2. Cartel de Cali
(Colombia) - Historia 3. Rodríguez Orejuela, Gilberto 4. Rodríguez
Orejuela, Miguel 5. Crónicas periodísticas - Colombia I. Tít
364.104 cd 20 ed.
AJF3591

    CEP-Banco de la República-Biblioteca Luis-Angel Arango

# LOS RODRÍGUEZ OREJUELA

## EL CARTEL DE CALI Y SUS AMIGOS

Juan Carlos Giraldo

# LOS RODRÍGUEZ OREJUELA

## EL CARTEL DE CALI Y SUS AMIGOS

Ediciones Dipon
Ediciones Gato Azul

Primera Edición: noviembre de 2005


© Juan Carlos Giraldo Palomo, 2005
© Ediciones Dipon, 2005
E-mail: dipon@andinet.com
Bogotá D.C., Colombia

© Ediciones Gato Azul, 2005
E-mail: edicionesgatoazul@yahoo.com.ar
Buenos Aires, Argentina


ISBN: 958-82-4324-6

Preparación editorial:
Ediciones Dipon

Diseño de portada:
Germán Bello

Fotografía de carátula
Cortesía periódico El Espectador

Diagramación:
Arte & Color Publicidad

Impreso por Printer Colombiana S.A.
Impreso en Colombia – Printed in Colombia

*A la memoria*
*de mi amigo y colega Alberto Giraldo López*

*Agradecimientos:*

*Como siempre, a mis padres.*
*A Chicho y Sebas,*
*A Lina María por su colaboración,*
*A mis compañeros de RCN T.V.,*
*A Gustavo M. García, por el impulso inicial,*
*A Santiago y Federico Giraldo,*
*A Bibiana, Andrés Felipe y "Whisky",*
*por todos los momentos prestados.*

# CONTENIDO

# Introducción

Conocí a **Alberto Giraldo** en 1994, cuando yo laboraba como redactor judicial del *Noticiero CM&,* y él era lo que siempre fue: un excelente relacionista público y un periodista muy bien enterado.

Entonces también se sabía de su cercanía y amistad con los hermanos Gilberto y Miguel Rodríguez Orejuela, y poco a poco se fue convirtiendo en una fuente de información. Pero, al mismo tiempo y ritmo en que se desarrolló nuestro *colegaje*, comenzó a nacer una amistad que nos acompañaría hasta los últimos días de su vida. Amistad generada por dos cosas: la calidez de su ser, y la mutua confianza que surgió entre nosotros.

Luego, tras caer en prisión y ya rodeado en la cárcel de todos los protagonistas del «Proceso ocho mil», esa relación de colegas y amigos se afianzó. Primero, porque se convirtió en una especie de «*Garganta Profunda*» que me *dateaba* constantemente del acontecer del proceso y los secretos del mismo. Por ejemplo, gracias a él obtuve la indagatoria completa de Guillermo Alejandro Pallomari, contador del «Cartel de Cali», quien entregó a las autoridades los mejores secretos de la llamada narco financiación política; y segundo, porque conocí, de primera mano, su drama humano y a través de eso el drama de sus hijos, de quienes me consta siempre estuvieron a su lado en esos momentos duros.

Después de su excarcelación encontré a un Alberto más auténtico; el verdadero **Alberto Giraldo**, ya desprovisto del poder político y económico que alcanzó a saborear. En un modesto automóvil *Mitsubishi* azul mataba su tiempo recorriendo la ciudad de norte a sur, de oriente a occidente, en busca de datos nuevos, de chismes frescos.

Las dos únicas entrevistas para la televisión a propósito del escándalo, me las concedió gracias a esa confianza generada. Y en estos reportajes dio las primeras punzadas del «arsenal» de material inédito que aún guardaba en su cabeza. Y fue entonces cuando surgió la idea de escribir.

Ya estaba casi «exiliado» en su retiro, acompañado básicamente del último amor de su vida, de su último hijo y de su último perro, Alberto decidió contarme sus vivencias: las que compartió en sociedad con sus amigos Rodríguez Orejuela y las anécdotas que su prodigiosa memoria guardó, de los días que sobrevivió tras las rejas con los que él llamó «los delincuentes más peligrosos pero inteligentes del mundo».

Y para que no hubiera duda de su autenticidad, acordamos que esas revelaciones fueran grabadas. Prueba de ello es la selección grabada en el casete que acompaña la presente edición. Acordamos también no convertir este libro, exclusivamente en un libro de denuncias suyas, sino más bien en un documento de acceso público para que, los colombianos y el mundo, supieran de una vez por todas que el narcotráfico en nuestra sociedad había irrumpido mucho antes de lo que conocimos, y de manera más sencilla de la que nos contaron. Y no exclusivamente en la política y el sector público. También en la sociedad, en la economía, en la farándula, en los medios y en los deportes. En una era de la nación en que todos estaban convencidos de que nada constituía delito y todo estaba permitido. Ni dar ni recibir.

Por eso este libro, además de denuncias, está lleno de anécdotas, de vivencias, de cotidianidad. Pero más allá, el libro tiene un soporte histórico porque llega acompañado de elementos frescos, recientes; y así mismo de elementos que ya se convirtieron en historia, que ya son cosa juzgada, pero que no por eso dejaron de tener trascendencia mundial.

Este no es un libro sobre la vida de **Alberto Giraldo**. Es la historia de un pedazo de la historia colombiana, vista a través de la mirada del «**Loco Giraldo**». Es la mirada que ese periodista tuvo de «**El Cartel de Cali y sus amigos**»; al fin y al cabo, él siempre estuvo cerca de sus actos sociales.

Lea estas memorias auténticas del «**Loco Giraldo**»; y escuchando su voz en el casete, saque sus propias conclusiones…

*Juan Carlos Giraldo*

## Capítulo I

# La última llamada

El sábado cinco de marzo del año dos mil cinco, Alberto Giraldo ingresó a la cárcel de mediana seguridad de Girón, Santander, convencido de que esa sería la última vez que vería a su amigo Miguel Rodríguez Orejuela.

Una vez verificados su nombre y cédula en la lista oficial de visitantes autorizados, luego de someterse a los rigurosos requisitos carcelarios, requisas minuciosas, como también de notificarse respecto a la prohibición de portar dentro del penal dinero en efectivo y teléfonos móviles, el periodista atravesó la última reja de control antes de dirigirse hacia el patio común donde se realizaban las entrevistas colectivas, bajo la celosa mirada de los guardias de seguridad.

La mañana anterior había recibido una llamada de su amigo Miguel, en la que le pidió que lo visitara para despedirse personalmente, ante la ya inminente extradición.

Desde la noche del jueves, los medios habían comenzado a informar de la llegada de un avión de la DEA, en el que de un momento a otro, el ciudadano colombiano sería trasladado a territorio de Estados Unidos por agentes antinarcóticos especialmente enviados para esa misión. El aparato, según insistían los medios, ya descansaba en los hangares de la base militar de Palanquero, en el puerto pesquero de Salgar, Cundinamarca, sobre el Río Magdalena.

—*¿Estás en un teléfono seguro?*, le había dicho Miguel en tono burlesco, instándole con cierta gracia a que recordara aquella famosa conversación telefónica entre los dos, una década atrás, que dio origen al llamado «Proceso ocho mil», el más grande escándalo político de la historia colombiana.

—*Ahora sí, no te preocupes, guevón*, —le había respondido Giraldo desde un teléfono móvil en Bogotá.

Miguel Rodríguez Orejuela hablaba a diario, desde la cárcel, con sus familiares y amigos a través de un teléfono autorizado por el Gobierno, y desde éste lograba contactarse con numerosas personas, gracias a una ingeniosa triangulación que una secretaria suya le coordinaba desde Cali, hacia diferentes lugares del país. Conversaciones que, obviamente, eran escuchadas por la Dirección de Prisiones en Bogotá, agentes de organismos de seguridad del estado y técnicos de la DEA que monitoreaban constantemente la vida del capo en la cárcel. Desde luego, esto lo sabía Miguel. Y por eso se daba el lujo de soltar al aire esos comentarios sarcásticos y mordaces, seguro de que sus archienemigos de la justicia estadounidense lo escuchaban al otro lado.

—*Quiero que vengas mañana y nos despidamos, «Loco» guevón.*

—*A las once estoy contigo.*

Alberto toma el primer vuelo que una hora más tarde lo ubica en el aeropuerto de Bucaramanga; allí aborda un taxi dirigiéndose hasta el vecino municipio de Girón, en el departamento de Santander. Hacía buen clima ese sábado.

Alberto se sorprende cuando, al llegar a las afueras del penal, ve a varios reporteros de televisión con sus potentes cámaras montadas sobre trípodes, listas para grabar cualquier movimiento inusitado de carros. Nadie

*Alberto Giraldo en sus épocas de Director de medios radiales en Bogotá*
*(Foto cortesía Revista Semana)*

tenía por qué saber de su visita, pero supone que ya montaban guardia a la espera del traslado de su amigo Miguel.

El país estaba atento ante la expectativa de la extradición de Rodríguez Orejuela, nada menos que el hombre considerado por las autoridades norteamericanas como el verdadero capo del extinto Cartel de Cali, y el realmente conocedor de las relaciones entre los jefes de la otrora poderosa organización delincuencial y la clase política colombiana; relaciones que completaban ya dos décadas. Al fin y al cabo, fue Miguel quien estuvo en constante comunicación con los miembros del Congreso para lograr la repatriación de su hermano Gilberto, cuando en 1984 cayó en manos de las autoridades españolas en un restaurante de Madrid.

Mientras se dirigía a la prisión aquella soleada y calurosa mañana, Alberto recordaba a Miguel como el político de la familia Rodríguez Orejuela. El enamorado del poder gubernamental, el hombre obsesionado con tener el control de la clase política hasta ponerla a sus pies, para garantizar no solamente la protección oficial, sino acceder directamente a la redacción y creación de leyes que les fueran a él y a sus amigos, lo más benéficas posible. Incluida, claro está, una norma que evitara su extradición a Estados Unidos.

Por esa y muchas otras razones que rondaban en su mente, para Alberto Giraldo resultaba sumamente especial aquella última visita y la que sería su postrera charla, cara a cara, con quien desde décadas atrás se había declarado su franco amigo.

Hacía tres meses ya que Gilberto, el mayor de los hermanos Rodríguez Orejuela, habitaba una celda de una de las prisiones provisionales de la Florida, luego de ser entregado en horas de la noche a las autoridades de ese país, en medio de un gigantesco operativo policial que fue transmitido, en vivo y en directo, por los canales privados de la televisión colombiana.

Desde su llegada a territorio norteamericano, Gilberto, el fundador del clan de los Rodríguez, fue sometido al durísimo régimen de aislamiento total, pese a que, en un portafolio, llevó desde Colombia toda clase de certificados médicos que confirmaban el delicado estado de salud de un hombre de 67 años, que, según los jueces colombianos, ya había cumplido su pena.

A esa edad y en ese momento, Gilberto había sufrido dos isquemias cerebrales. Una de ellas lo obligó a una prolongada hospitalización de la cual y de acuerdo a lo manifestado por su familia, salió medio inválido, con apenas el 25% de su movilidad corporal.

Con todo y las prescripciones médicas en la mano, además de las condiciones que el gobierno colombiano le planteó a Estados Unidos, a la hora de entregarlo, para que no fuera víctima de tratos inhumanos, el mayor de los Rodríguez Orejuela no se salvó del temible aislamiento absoluto, el cual consiste en un régimen excesivo aplicado a los grandes delincuentes en Estados Unidos. Se le recluye en una celda de dos por dos metros, en la cual sólo cabe un catre, un retrete y una ducha.

El preso no tiene derecho a lectura alguna, ni a ver televisión o escuchar radio. Las salidas al aire libre son muy restringidas y desaparece el contacto con los demás internos o carceleros. El desayuno es a las seis en punto de la mañana, el almuerzo a las once y la comida a las cinco de la tarde, anunciadas por medio de un pito, método utilizado con la clara intención de que el detenido no escuche voz humana alguna.

Alberto sabía que Miguel, conocedor de la desesperada situación de Gilberto en Estados Unidos, buscaba salidas legales para que a su hermano extraditado le dieran un tratamiento menos riguroso. Y, claro está, de la misma forma, preparar el camino para que su inevitable llegada no fuese tan dolorosa y fuerte.

Por eso creía saber cuáles serían los temas a tratar con Miguel durante éste último encuentro: los recuerdos de sus andanzas cuando el poder económico y político les sonreía y les acompañaba de la mano; los amigos de la política que aún quedaban; los infaltables temas familiares e, irremediablemente, la situación de Gilberto en la cárcel estadounidense.

Pero el periodista estaba equivocado, y esto lo descubriría minutos después de saludarlo en la celda y escuchar las primeras palabras del capo.

—*¿Tú nos vas a acompañar en el juicio?* —le preguntó a quemarropa, con su tono seco y autoritario, sin desfijarle la mirada de los ojos.

—*No Miguel, yo no puedo…*

Alberto no pudo responder otra cosa. La propuesta no sólo fue inesperada, sino aterradora. Por unos segundos se imaginó en el estrado de una sala de audiencias gringa, prestando juramento ante un juez de toga y birrete, rodeado de jurados y agentes de la DEA, fiscales y prensa, respondiendo a una ráfaga de preguntas sobre los nexos de los políticos colombianos con la mafia, los aportes económicos a sus campañas y los favores recibidos.

—*No Miguel, yo no quiero volver jamás a ese país.*

Y eso fue lo único que se le ocurrió decirle.

—*Hablemos, discutamos más adelante el tema,* —sugirió Miguel.

—*Por lo pronto* —prosiguió —*necesito que el ex presidente Samper nos ayude para que yo me quede unos meses más en Colombia; todavía debo 22 meses de una condena anterior, y el Gobierno tiene la obligación de hacer cumplir las decisiones judiciales.*

Rodríguez Orejuela se refería a una norma constitucional de favorabilidad, que en consonancia con otra del Código de Procedimiento Penal, permite al Gobierno diferir la entrega de un extraditable al país que lo requiere, mientras termina de cumplir en Colombia una sentencia pendiente.

—*Así me gano unos seis meses más para arreglarle a mis hijos unos problemas económicos,* —explicó.

Lo miró de nuevo, concluyendo:

—*Yo estoy seguro que no volveré a Colombia.*

Alberto tomó aliento y no lo pensó dos veces. La respuesta le resultaba obvia:

—*Analicemos las posibilidades; vamos a ver. Si el ex presidente puede, lo hará.*

—*Yo lo que necesito es que se cumpla la Ley*, —insistió Miguel.

—*Veamos qué podemos hacer; evaluemos con calma la situación y obremos en consecuencia* —insistió también Alberto con un dejo de pesimismo.

Y agregó:

—*Yo no creo que Samper haga algo. Acuérdate lo que pasó la otra vez con Uribe.*

El periodista hacía alusión a un episodio relacionado con una reunión secreta en el Palacio de Nariño, cuando el ex presidente Samper se reunió con el presidente Uribe para tocar el tema de la extradición de los Rodríguez. Allí Samper le recordó al primer magistrado que era una mala señal enviar a cárceles norteamericanas a dos personas que habían pagado 10 años de prisión en Colombia por delitos relativos al narcotráfico. El diálogo entre presidente y ex presidente parecía ser muy personal. De hecho, se trataba de una reunión secreta. Pero no se supo cómo o por quién, el motivo de la conversación fue filtrada a los medios de comunicación, más exactamente a la revista *Cambio,* desatando una gran tormenta política que dejó mal parado al ex mandatario liberal, a tal punto que se vio obligado a dar explicaciones públicas negando que estuviera haciendo favores a quienes la justicia declaró como sus benefactores en la campaña política de 1994 para derrotar al candidato conservador Andrés Pastrana.

Miguel pareció ceder ante las razones que le acababa de exponer su amigo Alberto, y tras una pausa recapacitó:

—*Sí, es cierto, «El Gordo» no podrá hacer mucha cosa.*

Contrario a lo que presentía Alberto, su amigo Miguel no se notó alterado ante la realidad que le acababa de exponer. Por el contrario, lo vio caminar en círculos unos metros dentro del espacioso lugar de la entrevista, acomodarse el jean Versace que siempre usaba, ajustar sobre el cuello la camisa azul oscura de marca italiana, y acercársele hasta la cara sin dejar de mirarlo a los ojos, para volverle a proponer:

—*¿Me vas a acompañar como testigo?*

—*No, mira, es un problema. Yo no quiero participar más en eso. No más política* —le aclaró Alberto.

Giraldo no pudo evitar recordar el pasado en el que, por cuenta de esas relaciones con lo políticos colombianos, durante las que ofició como una especie de relacionista público del «Cartel de Cali», terminó condenado a prisión y pagando más de siete años de cárcel, perdiendo no sólo su libertad sino su pequeña fortuna económica, su prestigio profesional, el nivel de vida y hasta su estabilidad familiar. Es que llegó a convertirse en el principal enlace de los barones del narcotráfico del Valle con los políticos y dirigentes, empresarios y funcionarios públicos. Una posición que le representó dinero y acceso directo a muchos presidentes de la república, a todo el poder del estado.

Pero ahora, mirando a Miguel frente a frente, recorriendo su rostro surcado de algunas arrugas y su cabello de canas grises, Alberto Giraldo sintió miedo de tener que enfrentar de nuevo ese pasado que le arrebató un buen pedazo de su existencia. Lo abrazó con fuerza, lo acercó a su cuerpo, recogió en el aire la fragancia fresca de la selecta loción francesa que el capo llevaba impregnada en su cutis recién afeitado, y le dijo:

—*Hermano mío, mucha suerte.*

Miguel sostuvo el abrazo agradecido de su amigo.

—*Gracias por haberte conocido. No creo que volvamos a vernos*, —le dijo emocionado.

Alberto se dirigió a la puerta de salida. A un lado esperaban los hijos de Miguel que querían disfrutarlo con todo su amor filial durante los pocos días que le quedaban en Colombia.

Y ya en el umbral de esa despedida de amigos, en la última mirada, el extraditable frunció el ceño y con la misma voz autoritaria de jefe, le dijo a su amigo periodista:

—*Vamos a ver qué va a pasar, pero yo no voy a permitir que estos políticos hijueputas me sigan cogiendo el culo.*

## Capítulo II

# Encuentro de hermanos

**M**uy pocos días después de este encuentro, el 13 de marzo del año 2005, el presidente Uribe decidió extraditar a Miguel Rodríguez Orejuela. A juzgar por los más de 200 colombianos extraditados durante su gobierno, Uribe aplicó su inexorable política de «colombiano pedido, colombiano ido». Pero este caso pintaba con los desenlaces más inesperados y sorprendentes.

La mañana del viernes en que fue trasladado Miguel a los Estados Unidos, las autoridades de la DEA le facilitaron al extraditado un teléfono móvil para que tuviera cómoda y amplia comunicación con su familia.

Y cuando el colombiano pisó territorio estadounidense en la base de *Opa Locka*, al norte de Miami, sus carceleros lo sorprendieron con la primera grata noticia:

—*Señor Rodríguez, esta noche usted tendrá la oportunidad de hablar con su hermano.*

Y efectivamente, Miguel llegó a la misma prisión donde tenían a Gilberto desde diciembre de 2004; se abrazaron y lloraron de emoción.

Pero habría más buenas noticias. Una hora después del agradable encuentro de hermanos, les notificaron la buena nueva:

—*Hemos preparado una celda para los dos.*

Desde ese momento Gilberto y Miguel ocuparon una mini habitación en la que cabían las dos camas, y gozaron de un amplio baño y del extraño privilegio de comunicarse telefónicamente con su familia, casi todos los días.

Semanas más tarde, los hermanos Rodríguez mejoraron aún más su sorprendente estatus en el riguroso sistema carcelario norteamericano.

Una mañana de abril del 2005, los trasladaron a una espaciosa celda, en la que ya les permitieron un mini gimnasio, y les facilitaron varias horas diarias de sol.

En esta celda, en la que permanecerían durante su comparecencia en el juicio, Gilberto le contaría a Miguel detalles de su primera aparición ante el juez de su causa, y de cómo su situación de preso fue cambiando positivamente hasta la llegada de su hermano.

En realidad, había sido el mismo Juez de Distrito Federico A. Moreno quien, en un hecho sin precedentes con un narco colombiano, había dispuesto, en plena audiencia pública, que las condiciones de reclusión del recién extraditado fueran especiales.

En efecto, en su primera comparecencia ante la Corte, Gilberto aprovechó el encuentro que tuvo cara a cara con el juez de su causa, para quejarse de la que llamó su «inhumana» situación en la celda. Desde la noche del tres de diciembre cuando llegó a Estados Unidos, era la primera vez que hablaba ante la autoridad del país que lo solicitó en extradición. Y no quiso perder tiempo. Habló de la pequeña celda en que se encontraba, de las 24 horas de confinamiento permanente, sin más derechos que hablar con su abogado.

*—Su señoría, creo que es un trato inhumano y también tiene un efecto psicológico perjudicial, en especial después de las diez de la noche, cuando cada hora hay un oficial que pasa por la celda e ilumina con una luz brillante, negándome un descanso con sueño tranquilo.*

Y el juez Moreno no sólo escuchó atento la queja del extraditado colombiano, sino que ordenó inmediatos correctivos. En la misma audiencia se encontraba presente un delegado encargado de la seguridad en las prisiones, identificado como Walter J. Wood, y el juez le pidió que le diera soluciones a los reclamos de Rodríguez Orejuela.

El funcionario explicó que las luces cada hora en la cara del detenido, eran una forma de evitar que el capo colombiano se suicidara y que ese era el trato para todos por igual en esa prisión. Pero el juez le insistió y le hizo prometer que solucionaría de inmediato la situación.

*—Para el próximo miércoles vamos a construir un área exclusiva destinada al señor Orejuela, que le permitirá recrearse y también tendrá un compañero de celda con quien podrá salir y caminar. Hemos estado pagando horas extras con el fin de*

*concluir los trabajos ese día, su señoría,* —aseguró el funcionario Wood.

El juez agradeció y prometió que, incluso, podría ir a comprobarlo por sus propios ojos.

—*Esperaré hasta que se haga esta unidad de alojamiento especial secundaria para verlo por mí mismo. Y siento no poder ir cada hora para comprobar que el prisionero no sea perturbado con la luz en el rostro.*

Y el tema había quedado aclarado. Gilberto había movido con éxito su primera ficha. El compañero que esperaban, y para el que preparaban la ampliación de la celda, sería su hermano menor Miguel.

Pero Miguel aún no sabía nada de esto ese sábado en la mañana cuando se despedía de su amigo Alberto.

## Capítulo III

# «Voy a hablar»

**M**ientras caminaba para alcanzar la puerta principal de salida, y luego en el trayecto hacia el aeropuerto para regresar a Bogotá, Giraldo no pudo evitar los recuerdos, los más cercanos y los más lejanos...

La propuesta de Miguel Rodríguez, si bien lo había dejado preocupado, le obligó a devolver el casete de su prodigiosa memoria; un casete que había mantenido en pausa desde el «canazo» que le costó más de siete años de su libertad y que nunca jamás quería volver a poner en marcha. Ni siquiera en sus noches de reflexión, en sus momentos de soledad, o en los retiros que suele tener en su oficina del barrio *Siete de Agosto*, se había atrevido a echar a andar esa cinta imaginaria que contenía los más grandes secretos de ese capítulo oscuro de la política colombiana, tras el cual quedó en la cárcel más de una veintena de personalidades públicas, entre altos funcionarios, dirigentes políticos, artistas, deportistas y periodistas. Muy pocas veces, en tertulias con amigos o colegas allegados a su entorno, tocaba el tema de la narco financiación. Y cuando decidía hacerlo, se limitaba simplemente a aportar anécdotas y remembranzas de momentos curiosos vividos en la cárcel, al lado de los más reconocidos delincuentes del país.

Pero nunca más allá. Nunca el tema Samper, nunca el tema Rodríguez Orejuela.

Al tomar el taxi de regreso a Bogotá, vino a su cabeza el momento en que decidió compartir sus memorias con un periodista de su más entera confianza. Acordó que, paulatinamente, contaría sus vivencias al lado de los llamados jefes del Cartel de Cali, pero con la advertencia de hacerlas públicas sólo en el momento indicado. Bajo juramento, le hizo prometer a su colega, que podía publicarlas una vez que los hermanos Rodríguez Orejuela estuvieran en Estados Unidos, y se hubiera iniciado el proceso en la justicia de ese país. Para la fecha de ese compromiso con el colega amigo, el panorama jurídico de los dos hermanos no se vislumbraba tan complicado, pues aún tenían pendiente el pago de las penas de prisión impuestas por la confesión de sus delitos, y el fantasma de la extradición no era una gran amenaza. Los Rodríguez confiaban en no ser procesados dos veces por los mismos delitos en diferentes países, y por eso permanecían en las cárceles colombianas con cierta tranquilidad. Pero una sorpresiva y controvertida decisión judicial de un juez de Tunja, cambió el panorama de un día para otro. Un viernes del mes de noviembre de 2003, el funcionario ordenó la libertad de los dos hermanos, cuando se encontraban terminando de pagar cárcel en la fría prisión de altísima seguridad de *Cómbita*, departamento de *Boyacá*. La decisión, que meses después sería confirmada y avalada en todas sus partes, dejaba en claro que los dos hermanos ya habían cumplido sus penas por los delitos confesados, y tenían el derecho de regresar a la civilidad. El país se conmocionó. El Ministro del Interior y de Justicia de entonces, Fernando Londoño, quien en 1995, había oficiado como abogado defensor dentro del proceso judicial de la narco financiación, «puso el grito en el cielo» y levantó la voz de alarma para evitar que los dos confesos capos salieran de las celdas.

Londoño arreció de inmediato contra el juez, a través de apariciones públicas y llegó a insinuar que había sido sobornado por los hermanos Rodríguez Orejuela. ...«*Hizo parte de su bufete de abogados en Cali*»..., alcanzó a denunciar el ministro Londoño.

La controversia pública generada por el ministro logró un primer objetivo: frenó la salida de uno de los dos hermanos. A Miguel le surgió una segunda condena, proveniente de un expediente que dormía tranquilo en los armarios de un tribunal superior. Pero la reacción en cadena del gobierno no fue tan efectiva en el caso del mayor de los hermanos. Gilberto salió por la puerta grande, una lluviosa noche del mismo mes, vistiendo un saco de lana amarillo claro, y un pantalón de paño oscuro, llevando en su mano una bolsa plástica con los pocos elementos personales que le permitían tener en prisión. Afuera lo esperaba un batallón de cien periodistas, camarógrafos y fotógrafos, un convoy policial que prestaba seguridad externa en la cárcel, y uno de sus hijos que desde tempranas horas había montado guardia al lado de los reporteros, también a la espera de la noticia final. Gilberto no respondió ninguna de las preguntas en ráfaga que los comunicadores le alcanzaron a disparar en el casi minuto y medio que duró atravesando la muralla humana que se le estacionó en frente. Escoltas personales, su hijo y dos abogados, lucharon junto a él y le abrieron paso hasta el automóvil particular que lo esperó con la puerta trasera abierta, y que en cuestión de segundos lo desapareció raudo sobre la carretera principal de regreso a Bogotá.

Pese a la orden perentoria del juez, la excarcelación de Rodríguez Orejuela había tardado más de lo habitual, mientras el gobierno colombiano y emisarios de Estados Unidos movían, como en el ajedrez sus propias piezas, para frenar la inminente libertad del gran capo.

Silenciosamente, un fiscal de la Unidad Antimafia de Bogotá había sido trasladado en un vuelo secreto de la DEA hasta una corte de la Florida, con la exclusiva misión de recolectar y traer a Colombia pruebas adicionales que permitieran abrirle un nuevo expediente al reo tendiente a impedir su excarcelación. Pero esta idea también terminó en fracaso. El fiscal, Rodrigo Aldana, viajó sin ningún tipo de protocolo oficial o trámite diplomático, con una visa de turista y en un vuelo comercial. Lo llevaron directo hasta una prisión estadounidense en la que estaba recluido Julio Fo, un cubano - americano que según las autoridades habría trabajado con los Rodríguez en Colombia y se convirtió en uno de los testigos en los procesos abiertos en la Florida y Nueva York contra los capos. Pero este testigo estrella tampoco habló, y el fiscal Aldana regresó al país con su maletín de cuero repleto de fotocopias de documentos y declaraciones ya conocidas, que de nada le sirvieron para armar un nuevo proceso contra Rodríguez.

Semanas más tarde, Aldana sería expulsado de su cargo en la Fiscalía, sin razones aparentemente sólidas. Pero para él, los motivos si estaban claros: había sido consecuencia de la represalia oficial, por no haber abierto un nuevo expediente contra Gilberto Rodríguez, y por no haber cedido a lo que consideró como «presiones» por parte del ministro Londoño y sus funcionarios que lo llamaron insistentemente a su celular para pedirle que impidiera, a toda costa, esa libertad que se veía venir.

Aldana demandaría al Estado, y en esa acción judicial entregaría el reporte del cruce de llamadas telefónicas que le hicieron desde distintos despachos oficiales.

Pero el fiscal Aldana no fue el único que salió mal librado laboralmente por su intervención en el episodio. Meses más tarde, el ministro Londoño sería destituido fulminantemente de su cargo, luego de que la Procuraduría General determinara que extralimitó sus funciones e injurió sin razón alguna al juez que había ordenado la excarcelación de Rodríguez Orejuela. Londoño fue castigado, además, con una inhabilidad de doce años para ejercer función pública alguna de nombramiento o elección popular. Su sueño de ser presidente de la República y suceder a su jefe y protector Álvaro Uribe, había terminado abruptamente por cuenta de unas acaloradas declaraciones.

Gilberto disfrutó por pocos meses del dulce sabor de la libertad. A su edad, se había dedicado a compartir el tiempo con su familia en Bogotá y Cali, a leer y terminar de escribir un libro de reflexiones filosóficas. Esa tranquilidad no duraría mucho. Un hijo suyo, poco aceptado en el ambiente familiar de los Rodríguez Orejuela, caería preso en un apartamento de su propiedad al norte de la capital, luego de ser sorprendido portando varias dosis de cocaína pura. Fue un golpe bajo para la estrategia de «bajo nivel» que, Gilberto, su padre, pretendía darle a esta nueva fase de su vida. Publicitariamente, el asunto le dejó muchos sinsabores, por la resonancia noticiosa, y hasta trascendió que el incidente podría afectar la libertad condicional del capo, que había firmado un acta de compromiso con la justicia que lo obligaba a presentarse periódicamente y a mantener conducta ejemplar ante la sociedad.

Semanas más tarde, otro fiscal especializado de Bogotá le daría una nueva estocada jurídica a las pretensiones de Rodríguez de seguir en libertad. Ordenó su recaptura al encontrar señalamientos que lo vinculaban con un cargamento de 150 kilos de cocaína descubiertos en Costa Rica, y del que, hasta el momento, aparecía como único propietario su hermano menor Miguel. Gilberto Rodríguez alegó su inocencia, considerando que el caso ya había sido fallado por la justicia en contra de su hermano. Aunque no negó que junto a Miguel exportaron cocaína durante 20 años, juró que este cargamento no hizo parte de lo que llamó «la microempresa» que montaron con él.

Pero terminó acusado y de nuevo trasladado a la prisión de máxima seguridad. Ese lapso fue aprovechado por los fiscales de Estados Unidos, que apresuraron los «indictmen» ya abiertos en la Florida, para pedir de nuevo su extradición. El argumento que sustentó el pedido fue que las nuevas pruebas evidenciaban que, en comunión con por lo menos doce colombianos más, entre quienes se encontraban abogados litigantes, había delinquido desde prisión.

Gilberto jamás regresaría a la libertad. Su próxima salida sería, como en efecto sucedió, para ser conducido al avión de la DEA que lo transportó a la cárcel de Estados Unidos.

Todos estos sucesos hicieron que Alberto Giraldo reflexionara y variara su cerrada decisión de no hablar jamás de la relación de amistad que mantenía con los Rodríguez Orejuela. Gilberto extraditado y Miguel ya pedido por la misma corte, llevaron a Giraldo a pensar que el asunto tendría un desenlace más rápido de lo pensado, y que en cosa de semanas, los dos hermanos terminarían compartiendo celda en Estados Unidos. Y fue esa la razón que finalmente lo convenció de revelar su vida y anécdotas que dos décadas atrás había comenzado a compartir con los jefes de la mafia del Valle.

—*Te voy a contar muchas cosas, porque no quiero morir con esos secretos, pero sólo podrán ser públicas cuando estos hombres sepan qué va a pasar con sus vidas y con sus familias,* —le reiteró a su colega—. *Es una cuestión de lealtad y de seguridad personal para todos. Yo no quiero perjudicarlos,* —volvió a advertirle.

Acordaron entonces una serie de citas reservadas, durante las cuales él echaría a rodar las cintas de su memoria y entregaría algunas notas escritas en prisión, para que pudieran ser organizadas en un solo texto que quedara para la historia. Autorizó a su colega amigo para que mediante el uso de su grabadora quedasen registradas todas estas charlas y conversaciones, quizás previendo que en cualquier momento su aparente buena salud lo traicionara y la muerte se lo llevara antes de lo esperado.

—*Aunque todavía creo tener unos diez años más de vida, graba nuestras entrevistas para que el país sepa que fui yo quien lo contó.*

Fijaron fechas y sitios de encuentro, y comenzó así la entrega de sus memorias.

## Capítulo IV

# Iván, el gran anfitrión

Alberto Giraldo López, «El Loco», como lo bautizaron sus propios amigos del entonces poderoso «Cartel de Cali», almorzaba, en la zona industrial de Bogotá, en uno de sus restaurantes favoritos, cuya especialidad es la comida «paisa»: los fríjoles con garra y chicharrón. Antes que todo pide su bebida favorita, un whisky *Sello Rojo*, el más económico de los que ofrece el mesero, pero el más vendido en el mundo, según las estadísticas de los bebedores.

—*Ahora me toca de éste, ya me acostumbré; antes no me bajaba de Chivas. Los tiempos cambian. Es como bajarse de un Mercedes Benz y encaramarse a una bicicleta; así es mi vida ahora,* —explica mientras revuelve el hielo y el agua que acaba de agregarle al trago.

En ese momento «El Loco» tiene 70 años de edad. Sigue usando las mismas gafas de marco cuadrado que hicieron su rostro famoso en los años mozos de su periodismo político, cuando se codeaba con los mejores reporteros del momento y llegó a ser uno de los más respetados y cotizados del medio. No en vano llegó a ostentar el récord de haber sido director de los noticieros de las cuatro cadenas radiales más importantes de Colombia. Primero lo fue de *Todelar*, cuando esta organización pujaba por los primeros puestos del *rating*. Más tarde lo fue de *Caracol,* después de *RCN,* y terminó su vida de periodista en la dirección de *Radio Súper.*

A su lado, se tallaron los nombres de considerados maestros del oficio en la radio; experto en los asuntos políticos y de gobierno, caracterizado por una prosa mordaz y el acceso a fuentes de alta confiabilidad además de sus relaciones profesionales y personales con los mandatarios y dirigentes poderosos del momento. Fue Jefe de Prensa del candidato Belisario Betancur, y su posición y amistades lo llevaron a convertirse en el mejor informado del acontecer noticioso.

Instintivamente reacomoda sus gruesas gafas de marco cuadrado, sobre su nariz grande y colorada. Nunca deja de vestir impecable su camisa blanca, el traje oscuro y las corbatas de mejor marca.

—*Son herencia de mi pasado, de mis viejas relaciones. Ya no me queda con qué comprarme una «Hermês» o una «Ferragamo», entonces tengo que desempolvar del armario las pocas que me quedan.*

Es muy buen conversador, y ante todo, de memoria computarizada. Parece tener un disco duro en la cabeza que le permite regresar con gran facilidad a los viejos tiempos de sus vidas periodística, profesional y personal, sin ningún asomo de angustia o esfuerzo. Entonces prefiere hablar de la época que más ha marcado su existencia: la del «canazo», la que le significó un «carcelazo» de más de siete años, luego de ser sindicado, detenido y juzgado por ser el relacionista público del «Cartel de Cali», un título que él no comparte, pero que lo persiguió por siempre.

*Alberto Giraldo con el Ex-presidente Guillermo León Valencia
(Foto del archivo familiar).*

*Alberto Giraldo con María Eugenia Rojas, hija del Ex-Presidente Rojas Pinilla
(Foto del archivo familiar).*

*—Yo simplemente cumplía mi trabajo. Serví de puente a unos amigos de Cali para que se entrevistaran con unos amigos de la política y el gobierno. No era empleado de ellos, ni me pagaban un solo peso por hacerlo,* —asegura antes de pedir más hielo y una entrada de patacones fritos. E insiste: *—nunca me consideré delincuente; y la verdad, yo sabía que eso era todo un proceso montado por los americanos contra el presidente Samper, y entonces lo asumía como una lógica política; yo no tenía directamente una relación de delincuencia, porque no me consideraba un delincuente. Y eso me hizo más llevadera la situación; cuando uno pasa circunstancias como éstas y encuentra que no ha tenido ninguna relación con el delito o el narcotráfico, pues se siente más tranquilo.*

Pero su desgracia con la Justicia Colombiana que lo procesó, juzgó y condenó, nació por la relación con los hermanos Rodríguez Orejuela, luego de que su voz apareciera en conversaciones telefónicas interceptadas, en las que «El Loco» hablaba con los dos capos, alrededor del dinero para las campañas políticas.

*—Yo soy amigo de los Rodríguez y le hice un servicio amable a un tipo que yo consideraba también mi amigo, que era el doctor Samper, con quien trabajé muchos, muchos años, fui su amigo durante muchos, muchos años. Y le serví en ese operativo porque nos buscaron y nos llamaron y no más...*

Pero el «Proceso ocho mil» no sólo hizo estragos en la política colombiana. También pulverizó muchas amistades, muchas coaliciones políticas que antes se creían inseparables y quedaron al borde del abismo de la irreconciliación. Entre ellas, esa estrecha relación de muchos años que Giraldo aseguró tener con Samper.

—*Hasta ahí llegó esa amistad*, —recuerda sin ningún asomo de nostalgia.

Pero se volverían a encontrar, justo después de que el periodista recobrara la libertad. Y antes de hablar de ese encuentro que sería vibrante para los dos, Alberto prefiere empezar por el principio y recordar los momentos oscuros de su primer día en la cárcel, luego de que el entonces Fiscal General de la Nación, Alfonso Valdivieso, ordenó su captura y la de varios jefes políticos liberales, por sus presuntos nexos con los hermanos Rodríguez Orejuela, por haber recibido durante varios años, jugosos aportes en cheques para sus campañas electorales.

—*A mí no me cogieron, yo me entregué, yo me vine de Cali y me entregué en Bogotá*, —relata a manera de aclaración.

Alberto Giraldo vivía en Bogotá, desde donde constantemente viajaba a Cali a entrevistarse con sus amigos Gilberto y Miguel Rodríguez Orejuela, en aquel tiempo presuntos jefes del narcotráfico mundial, pero a quienes irónicamente en ese mismo momento la justicia colombiana no había podido demostrar sus actividades ilícitas en el negocio de la droga, y menos aún sus relaciones con la clase dirigente del país y sus generosos aportes a las campañas políticas, en especial al Congreso de la República.

También se dedicaba a visitar amigos de los medios de comunicación de Bogotá, a almorzar con funcionarios públicos, expresidentes, senadores, representantes, dirigentes políticos, dirigentes deportivos, dueños de empresas y prestantes industriales; a departir en comidas y cócteles, a tertuliar en apartamentos del norte al ritmo de unos buenos tragos o de una comida casera. Esa era la vida cotidiana del «Loco Giraldo» antes de aquel 12 de abril de 1995, cuando la Fiscalía General dictó el auto de detención con la orden de captura en su contra, por el delito de enriquecimiento ilícito a favor de terceros.

*—Yo estaba en Bogotá, y decidí viajar a Cali por invitación de los Rodríguez. Viajé y me asilé en la casa de Miguel Rodríguez, porque era el sitio más seguro en ese momento. Y allí estuve hasta el 20 de mayo del 95, día en que decidí regresar, porque ya la presión sobre los Rodríguez era muy grande en Cali. El general Montenegro Rinco, quien en ese momento era el subdirector de la Policía, había sido comisionado por la DEA, y por el general Rosso José Serrano, para manejar todos los operativos contra los dos hermanos. Ya nos habían hecho dos enviones muy fuertes, y consideramos sumamente peligrosa la extensión de mi refugio en esa ciudad. Del general Montenegro Rinco, recuerdo su generosa teatralidad con los periodistas. Él casi abandonó sus funciones en Bogotá, para servir a los intereses de la policía norteamericana en la persecución de Gilberto y Miguel. Llegó a Cali con aureola de sabueso fiel a los objetivos de la DEA. Y dedicó su tiempo y el presupuesto oficial a darle caza a los del llamado cartel caleño. Diariamente ordenaba más de diez operaciones de allanamiento a casas y apartamentos, donde supuestamente ellos se escondían. Y cuando algún despistado periodista de televisión se había quedado por fuera del espectáculo policivo, el general Montenegro lo consolaba diciendo:*

*—No se preocupe que yo le repito el allanamiento.*

*De inmediato ordenaba que volvieran sus esforzados agentes a invadir la vivienda para que las cámaras de televisión fueran testigos de la eficacia de su trabajo. Esta situación fue la que determinó mi regreso. Lo hice el 20 de mayo, en un viaje tranquilísimo de Cali a Bogotá, por carretera, solo, con un chofer de Miguel, y nadie me reconoció durante el trayecto.*

Guarda intactos en su cabeza los recuerdos de esa mañana en que decidió entregarse y la manera como se sometió a la Justicia.

*—En compañía de mi abogado, Raúl Duarte Fajardo, llegué al edificio de la Fiscalía en un sucio lugar del centro de Bogotá. Nadie me esperaba, y me tuve que identificar ante los policías que prestaban guardia en la sede de la llamada «Justicia sin Rostro». Los agentes ni se inmutaron, a pesar de los ríos de tinta que periódicos y revistas invirtieron en mí. Después de una corta espera, me llevaron donde el secretario de la oficina regional de la Fiscalía, el doctor Bayona, quien años después llegó a ser fiscal antimafia y luego fue desvinculado de la institución injustamente, por la pérdida de un expediente de su despacho. Yo conocí a Bayona, porque era hijo de mi gran amigo Manuel Bayona Carrascal, quien fuera un fiel senador laureanista durante muchos años y murió siendo amigo del general Rojas Pinilla, cuando éste buscó la presidencia por la vía democrática y electoral, en 1970. Guillermo Castro era el director de Fiscalías de Bogotá, pero el que me recibió fue su secretario Bayona; de inmediato se acordó de mí, porque me había visto en la casa de su papá varias veces. ... «Hola doctor, ¿cómo le va?»... me dijo cuando llegué.*

*Me llevaron al consabido reconocimiento médico y luego fui conducido a Alta Seguridad de la cárcel Modelo, a una celda para estrenar que pertenecía a un pabellón recién construido por el gobierno, con la consabida financiación y control de los norteamericanos. Para mí lo más impactante, el momento más impresionante y doloroso que he vivido, fue el ingreso a ese pabellón de Alta Seguridad de la Modelo, el jueves 25 de mayo de 1995, a las 12:30 pm. Yo, con unas ganas inmensas de llorar. Uno solamente experimenta la sensación de llorar y buscar un sitio solitario para evacuar las penas mediante el llanto. Me consideraba un ser abandonado y perseguido, porque tanto ese día como hoy, nunca he sentido la responsabilidad de haber cometido algún delito.*

*Mi carcelero, el hombre que me recibió en prisión, dijo que le siguiera, con la misma tranquilidad del burócrata acostumbrado a esa tarea. Atravesamos por un largo camino de paredes llenas de celdas malolientes, de las que salían manos pordioseras pidiendo cualquier cosa; caras sucias, tristes, pálidas, enfermas, voces, gritos, llamados de angustia. Fue un recorrido deprimente. Las piernas me temblaban. Llegamos por fin a un sitio diferente, más limpio, a un edificio nuevo, recién construido, en la mitad de esa selva de cemento que era la cárcel Modelo. Otro uniformado de la Dirección de Prisiones nos esperaba con papeles en mano, sellos y huelleros. Era el pabellón de Alta Seguridad. El carcelero me indicó que subiera tres niveles. Cuando cruzaba la sala, ya en el tercer piso del pabellón, oí una voz gruesa que me gritó:*

*—Oiga viejo, viejo Giraldo, viejo guevón, venga.*

*Al acercarme, el hombre me dice:*

*—¿Sabe quién soy?*

*Yo no sabía y él me sacó de la duda con una seguridad contundente.*

*—Yo soy Iván Urdinola. El viejo Gilberto me llamó esta mañana para decirme que usted venía para este sitio y me lo recomendó*

*especialmente. De ahora en adelante, usted es responsabilidad mía.*

Iván Urdinola llevaba ya varios meses en prisión, luego de ser capturado en medio de un espectacular operativo de la DIJIN, organismo secreto de seguridad de la Policía Nacional, en una finca ubicada entre los departamentos de Risaralda y el Valle. Se le tildaba como el capo del llamado «Cartel del Norte del Valle», al que se mencionó como uno de los benefactores de las campañas políticas de la década de los 90. Urdinola era un hombre de baja estatura, medianamente obeso, con una larga y ancha nariz, pelo raso y mirada fría, calculadora y amenazante. Se le consideraba un hombre sanguinario y temperamental, dueño de una historia delictiva que rayaba con lo absurdo y lo insólito. La justicia le endilgó el cargo de ser uno de los presuntos precursores de las masacres de cientos de campesinos del norte del Valle, cuyos cadáveres se veían flotando sobre el recorrido del río Cauca. Nunca se comprobó nada de esto en su contra, y los testigos que una vez se atrevieron a contarlo, se retractaron luego en sus segundos testimonios. Por eso, la justicia tuvo que conformarse desde el principio con la confesión que hizo de sus propios delitos relacionados únicamente con el narcotráfico y sus maniobras para sacar la droga hacia Estados Unidos. Pero, desde su captura, todo el mundo tuvo claro, menos él y sus abogados, que no lo dejarían salir de la prisión, a pesar de pagar sus delitos. En tres ocasiones, los jueces le dieron libertad y cuando ya cruzaba la puerta de la cárcel para volver a la civilidad, los jueces sacaban de la manga un nuevo proceso para impedir que retornara a la calle.

Pero en medio de esas leyendas truculentas, dicen que poseía una virtud: la de tener muchos amigos y ayudar a centenares de familias pobres en el municipio de «El Dovio», en donde ejercía un indudable liderazgo. De hecho, en ese pabellón de Alta

Seguridad, Urdinola recibía la visita quincenal de amigos y trabajadores, quienes, con el correr de los años, se convirtieron en sus sucesores.

Urdinola fue un hombre muy poderoso en el mundo del narcotráfico, millonario y amado por los que buscaban su protección, quienes lo consideraban un buen amigo que ayudaba a los más necesitados; pero odiado y temido por sus contradictores y enemigos, que fueron muchos. Tenía una inagotable pasión por los relojes, de los cuales llegó a coleccionar más de 1.500. El más costoso y raro de estos, le fue obsequiado por Diego Montoya. Era una verdadera joya, confeccionada por delicados orfebres de Nueva York. Tenía la manilla en bellísimas piedras de esmeraldas, y la esfera decorada en diamantes seleccionados. En su momento, la joya fue tasada en un millón de dólares.

Urdinola murió, extrañamente ahogado en su propia saliva, víctima de un infarto, en la cárcel de *Palmira,* cinco años después de aquella mañana del 25 de mayo en la que sirvió de anfitrión al «Loco Giraldo» a su llegada a la Modelo.

—*Yo no lo conocía, no conocía a Urdinola, pero sí había oído hablar de él, por supuesto. Cuando me llamó, desde la parte central de la sala del pabellón tercero de La Modelo, yo entraba por el pasillo, y me dijo en ese tono autoritario y amable que acababa de hablar con Gilberto, lo cual me perturbó mucho. Cuando estuve frente a él, repitió: «Gilberto me dijo que usted es patrimonio mío aquí, que yo tengo que responderle por su vida y seguridad, que usted está bajo mi responsabilidad, en esta cárcel».*

*Yo no sabía qué responderle, y enseguida el tipo gritó: «"Popeye", oiga "Popeye", venga, váyase con el viejo y mire qué le hace falta en la celda».*

"*Popeye*" fue uno de los más importantes hombres del extinto Cartel de Medellín, el otrora enemigo del Cartel de Cali, y claro está, rival en el negocio de las drogas. Su carta de presentación consistía en decir que fue hombre de confianza de Pablo Escobar. El que le hizo la segunda en muchos crímenes, que después fueron confirmados por él ante los fiscales que lo declararon responsable de casi medio millar de asesinatos. "*Popeye*" llegó a la Modelo después de que su jefe y amigo Pablo Escobar fuera abatido en Medellín. Jhon Jairo Velásquez, su nombre, decidió entregarse a la justicia para evitar la feroz cacería que desataron las autoridades contra los hombres que estuvieron en el entorno de Escobar. En ese momento apenas llegaba a los 30 años de edad, pero tenía un larguísimo historial delictivo. Urdinola, influyente en el manejo de la cárcel Modelo, lo acogió benévolamente, para reforzar su anillo de seguridad. Ahora estaba bajo la batuta de éste en la cárcel, bajo su mando, como lo demuestra la orden que le dio para que colaborara con la instalación del «Loco Giraldo» en su nueva morada.

—"*Popeye*" *me llevó hasta la celda que había sido asignada para mí. Yo encontré un cuarto nuevo, absolutamente pelado, no había nada y, salvo una plancha de cemento, estaba totalmente desnudo. Entonces, Iván me volvió a llamar, y en seguida me trajeron una sudadera azul que todavía conservo como un recuerdo. "Popeye", en gesto amistoso, me entregó unas alpargatas y me recomendó quitarme el saco, la corbata, vestido y zapatos, y ponerme cómodo con el vestuario que me había entregado...*

En esta parte de su narración, Alberto Girado hace una pausa para ordenar su pedido. El plato de entrada no es necesario después de acabar la porción de plátanos fritos; pide unos fríjoles bien calientes con arroz, carne molida y aguacate. Mezcla el whisky que oscurece con un trago nuevo, toma un sorbo y se vuelve a sus recuerdos; antes de seguir con ellos se ríe de los detalles absurdos que va descubriendo en su memoria.

—*Iván me llamó y me dijo: «Venga viejo se toma un trago conmigo». Ya era cerca de la una de la tarde. Llegué hasta donde él estaba, y aún mantengo viva la escena en mi memoria, pues parecía de ciencia ficción. Mi anfitrión estaba sentado frente a una mesa con mantel, y encima un teléfono de color amarillo con línea directa y que usaba con absoluta libertad a la vista de los celosos guardianes del penal. Ante su invitación tomé asiento y de inmediato apareció un mesero con uniforme beige, con una bandeja ocupada con seis copas. Mi sorpresa subió de límite, cuando el hombre vació sobre las copas un burbujeante champagne Crystal. Lo hizo con toda la elegancia que le daba saber que estaba rociando el más fino y caro champagne del mundo. No podía creer lo que estaba viviendo: a medio día, y en un pabellón de Alta Seguridad, bebía champagne con uno de los delincuentes más famosos del país. Bebí la copa, brindando por mi generoso y nuevo amigo, y al momentico el hombre del uniforme beige la llenó de nuevo con gesto refinado. Lo hizo dos veces más. Poco después, la invitación se hizo extensiva a "Popeye" y los demás ocupantes del pabellón. Yo pensaba y decía para mis adentros: hombre, esto no puede ser. Dónde estoy yo. Y el hombre volvía a servir más champagne Crystal. De pronto llegaron otros tres meseros y comenzaron a organizar una mesa larga, con mantelería y cristalería muy elegante; montaron un llamativo buffet italiano, en el que sobresalían generosas raciones de prosciutto de Parma y quesos de diferentes denominaciones. El champagne Crystal fue reemplazada con vinos blancos y rojos italianos. Y para los que no querían el vino europeo, sirvieron whisky Buchanans de 18 años. Yo seguía como un zombie el desarrollo de esos acontecimientos. No me acostumbraba a semejantes refinamientos en una sala que estaba rodeada de apretados barrotes, y de las más estrictas medidas de seguridad para mantener el orden interno.*

*Además de "Popeye", estaban "El Pájaro", otro viejo amigo de Escobar, y Hugo Toro, nada menos que Hugo Toro, el famoso comandante del movimiento subversivo del "JEGA". Y otros que no recuerdo, pero todos presos del Pabellón de Alta Seguridad que le servían a Urdinola.*

*Una de mis buenas diversiones en la Modelo, era escucharle las inverosímiles historias de su vida delictiva a Iván Urdinola. Por él supe que había cometido su primer delito cuando cumplió doce años. Se hizo vincular, por presiones de uno de sus hermanos, a una banda de atracadores que proyectó e hizo un asalto a la Caja Agraria, en el municipio de Alcalá en el Norte del Valle. Tuvo mala suerte. Robaron la plata pero en el tiroteo que hubo con la policía, mataron a su hermano, el que lo había llevado a cometer el delito. Iván, desolado, se fue a llorar la muerte de su hermano mayor a un prostíbulo. Sin saber mucho de sexo, sentó a una de las mujeres de mala muerte a su lado, mientras la mesa del bar la decoraba con el revólver que le dieron para ejecutar el asalto. Lloró desconsoladamente a su infortunado pariente, y dilapidó en cerveza buena parte de su botín. El resto se lo entregó a su mamá.*

*El segundo acto delictivo, fue menos riesgoso. Constituyeron una banda para secuestrar camiones en las carreteras del norte del Valle. Al grupo le tocó un vehículo que llevaba doscientos televisores. Esa navidad, todos sus familiares estrenaron modernos equipos. Y todas las putas también. Esos comienzos le enseñaron a trabajar en equipo, y desde entonces se rodeó de subordinados que obedecían ciegamente sus órdenes. Pero de todas sus historias, la más apasionante fue el manejo de un moderno sistema de comunicaciones radiales, para lograr en dos horas la carga de 18 toneladas de coca, en 25 aviones. El increíble relato me lo hizo un viernes que, como era su costumbre, le gustaba tomar whisky "Buchanans" 18 años.*

*Le pregunté cuál había sido su proeza más grande y me dijo: haber despachado 18 toneladas en 25 avionetas, y a las espaldas del batallón de Buga. Me contó que su hazaña comenzó con la negociación que hizo con el comandante del batallón militar, cercano a la pista de aterrizaje donde habían programado la peligrosa operación. El comandante le dio dos horas para cargar las 18 toneladas en 25 aviones. Y él, con un sistema de comunicaciones radiales tierra-aire, cumplió con su propósito de cargar las aeronaves y enviarlas a los insaciables consumidores de los Estados Unidos.*

*Y ahí estaba yo ese día, al lado de Iván Urdinola que no se cansaba de dar órdenes a diestra y siniestra, haciendo parte de la mesa en esa insólita mañana de mi vida. Sobre las dos de la tarde se abrieron otra vez las puertas del lugar y entró una señora muy elegante. Era Lorena, la mujer de Iván. Ella llegó y se sentó en la cabecera de la espaciosa mesa. Iván la saludó de beso y me dijo: «Ah, viejo guevón, ¿creyó que esta fiesta era para usted? No, es que estoy cumpliendo diez años de casado». Todos rieron. Los invitados dimos buena cuenta del seleccionado buffet, que como dije, fue generosamente rociado con vinos de Italia. Concluido el opíparo almuerzo sobre las cuatro de la tarde, yo consideré justo irme hacia mi estrecha y desnuda celda de prisión, porque al día siguiente tenía la primera diligencia de presentación ante esos monstruosos e implacables fiscales sin rostro. Urdinola me pidió que me quedara unos momentos más, pero una hora después, sobre las cinco de la tarde, no aguanté la sensación de angustia, y decidí buscar la manera de asegurar colchón, cobija, almohadas y sábanas para pasar mi primera noche en la cárcel. Cuando llego a la celda que me habían asignado, me esperaba la segunda sorpresa del día. Dios mío Bendito, en semejante amargura, encontré que por cuenta de Iván Urdinola, me habían vestido la desnuda habitación. Estaba convertida en un sitio agradable. Un regalo de Iván que nunca olvidaré. Tenía televisor de 25 pulgadas, equipo de radio, la cama estaba absolutamente tendida, con todos los muebles que se podían tener, nevera ejecutiva, y hasta pijama. Toda esa vaina, todo por cuenta del tipo.*

*Y así fue mi primer día en la cárcel Modelo. La verdad fue un contrasentido muy grande. Al día siguiente ya me tocó el durísimo proceso de hablar con un fiscal que se escondía tras un inmenso espejo, siempre asesorado por funcionarios de los Estados Unidos que actuaban más con criterio político que judicial, porque todo su propósito era el de castigar a la clase dirigente colombiana.*

Giraldo asegura que en un principio, en esa cárcel no tuvo mucha notoriedad, porque según él, los más notorios eran ellos: Iván, "Popeye", el comandante del "JEGA", y los comandantes del ELN (Ejército de Liberación Nacional) Francisco (Pacho) Galán y Felipe Torres.

*Entre Iván y el jefe guerrillero siempre hubo notorio distanciamiento. Urdinola era visceralmente enemigo de la guerrilla, porque algunos de sus parientes fueron víctimas de los procedimientos violentos de los subversivos. No hubo manera de suavizar sus relaciones. Y en algún momento, Urdinola juró dar muerte al jefe guerrillero. Las directivas del penal trasladaron a Pacho, al primer piso del pabellón, porque desde entonces se estaba conversando sobre el tema de la paz con la Comisión Nacional. De esto hace diez años.*

*Como es natural, mis amigos eran delincuentes de la más diversa índole. Entre los que más recuerdo está Hugo Toro, el fundador del "JEGA", un grupo ferozmente izquierdista que preconizaba la violencia revolucionaria como vía obligatoria para llegar al poder. Había comenzado su vida política como militante del rojaspinillismo en el año 70. Fue elegido a la asamblea de Risaralda pero duró muy poco en estas tareas porque sus convicciones revolucionarias lo llevaron a la vía armada. Militó en el M-19 y más adelante tuvo contactos con el ELN y las FARC. Era un filósofo de la política extrema, y en la cárcel comenzó una obra titánica: una historia de la filosofía desde el punto de vista de la izquierda.*[1]

*... Hasta que supe llevaba más de diez mil folios, de los cuales conservo 170 que se relacionan con los filósofos griegos. Toro y yo, adquirimos la costumbre de subir al patio común todas las tardes, y me reveló muchos de los secuestros cometidos por él. Una vez casi me dejó sin sentido cuando me reveló que durante el secuestro de Álvaro Gómez, lo habían consultado sobre lo*

---

[1] *Teoría sobre la toma del poder y la transformación de la sociedad actual, Hugo Antonio Toro Restrepo, Ediciones DIPON, 2004.*

*que debían hacer con él. Toro, con el mayor desparpajo, me confesó orgullosamente: «les dije que lo ajusticiaran y pedí el honor de que yo pudiera dispararle».*

*Ese mismo personaje fue el que organizó desde la Modelo el secuestro de un hermano del ex presidente César Gaviria, quien ejercía las funciones de secretario de la OEA. El secuestro fue dramático, porque sus captores amenazaron con matarlo, en vista de que las negociaciones de rescate no avanzaban. Entonces, hubo necesidad de que el presidente Fidel Castro de Cuba, enviara una nota personal desde La Habana, intercediendo por la vida del secuestrado. Toro, que tenía una enfermiza admiración por el líder cubano aceptó la mediación y lo entregó en Pereira al director de la Policía, Rosso José Serrano. Hay dos cosas que nunca se conocieron de ese secuestro: una, que reclusos narcotraficantes de la Modelo, hablaron con Toro para que les diera la oportunidad de intervenir en la mediación de la entrega del señor Gaviria, para obtener ventajas frente a la justicia. Y dos, que por esta colaboración le dieron dos mil millones de pesos al grupo "JEGA" de Toro, para mantener la financiación del grupo subversivo. Los responsables directos del secuestro, recibieron asilo en Cuba, mediante salvoconducto dado por el gobierno del Presidente Samper.*

## Capítulo V

# Los altos costos de la política

E l Loco termina el relato de sus primeras horas en la cárcel
y pide que la grabadora permanezca apagada mientras termina
un bocado del plato. Come tranquilo. Ya no es un hombre que
le huye a algo, como antes. Ahora está libre de toda persecución, de
toda pena y de cualquier enemigo. No desconoce que en su momento,
en el apogeo del famoso «Proceso ocho mil», siempre estuvo en el
centro del huracán político de entonces, consciente de su trayectoria
profesional y pública. Por eso, tiene claro lo que significó estar
encarcelado al mismo tiempo al lado de reconocidos delincuentes.

Hace una nueva pausa en la comida, se seca la boca de una pequeña
mancha de fríjoles, toma agua y levanta el dedo índice derecho para
llamar la atención sobre el tema que quiere retomar: Samper.

Vuelve a beber whisky, y se hace evidente que quiere hablar más
de Ernesto Samper, especialmente de su amistad con el ex presidente
y de cómo terminó esa relación que para él fue tan estrecha. Ya han
pasado los años suficientes como para referirse al ex mandatario sin
los temores políticos, jurídicos y personales de entonces. Ahora que
pasó la tormenta jurídica del «Proceso ocho mil», parece ya no
molestar ni amenazar a nadie.

—*Prende otra vez la grabadora,* —sugiere antes de regresar a Samper.

*... Lo volví a ver una vez en Cartagena, en enero del 2002 y le dije lo que yo creía que debía decirle, y desde ese día no le guardo a nadie ningún deseo de venganza, ni resistencia, ni nada...*

El encuentro de Giraldo con Samper se produjo en la Plaza Santo Domingo, lugar donde acostumbra a despedir el año lo más granado de la sociedad colombiana. Giraldo se entusiasmó con la idea de encontrarse por fin frente a frente con Samper, luego del escándalo nacional del «Proceso ocho mil». Además no hacía mucho tiempo había recobrado su libertad. Por eso, según lo recuerda, comenzó a planificar mentalmente la forma como iba a encarar el inevitable encuentro.

Sentado en la mesa del restaurante, Giraldo reconoce que siempre esperó un momento como ese, para expresarle a Samper algo que había guardado durante todo el tiempo que permaneció detenido: reprocharle por haberle hecho pagar siete años de cárcel por su culpa.

—*Ese es tal vez el recuerdo ingrato que aún tengo. Como dije, ni siquiera de Valdivieso guardo malos recuerdos, porque Valdivieso me quiso salvar. Un amigo mío a quien le tengo mucha confianza, Javier Ayala, quien fuera compañero de redacción de Valdivieso en El Tiempo, me llevó a donde él, antes de que me dictaran el auto de detención. Y Valdivieso me dijo: ...«Mire, yo sé que usted no tiene nada que ver en eso. Declárese empleado de los Rodríguez»... Pensé que eso podía tener consecuencias dentro del proceso. La verdad es que me hubiera podido salvar, porque ninguno de los empleados de Gilberto y Miguel terminaron comprometidos. Pero no acepté el consejo, porque no sabía si eso era una trampa jurídica del tipo o un sincero servicio amistoso. Nunca supe si el doctor Valdivieso quería salvarme o joderme; de todas maneras me jodió. La verdad, no me quise declarar empleado de ellos, porque nunca lo fui, y por lo tanto me mantuve en mi posición. Yo era un tipo amigo de ellos, no existía relación laboral entre nosotros. Mantuve mis negocios y empresas al margen de ellos, y era únicamente su amigo. Hacía algunos trabajos para ellos, sí claro. Pero que era relacionista, pues sí y no. Porque es que la clase política, en vista de las relaciones que yo mantenía con ellos, también me buscaba a mí... Que mira que yo necesito que ellos me atiendan, que mira que tal cosa... Llegaron a ofrecerme cinco millones de pesos por una cita. Los políticos llegaron a ofrecerme plata por concertarles una entrevista.*

*Yo creo que los Rodríguez Orejuela llegaron a dominar un 40% del Congreso. Es que al final ellos -los políticos- me buscaban que para conocer a Miguel o a Gilberto. Y, como dije, me ofrecían plata. Con Gilberto era mucho más difícil, en cambio Miguel era más abierto. Pero Miguel nunca pedía nada. Miguel siempre quiso tener un poder ahí, yo ahora no sé para qué carajo. ¡Porque no les sirvió para un culo!*

*La única vez que tuvimos poder, poder, fue en el año 91, en la Constituyente. Gilberto, Miguel, "Pacho" y "Chepe" me decían: hay que acabar con la extradición. Yo creo que no sólo fue Pablo el que acabó con la extradición, también los Rodríguez. Y ¿sabes quién la consiguió? "Kiko" Becerra, que era contralor. Él alineó a todos los constituyentes. "Kiko" Becerra consiguió la no extradición. "Kiko" era un amigo nuestro, y prácticamente, trasladó su oficina al Centro de Convenciones. Ahora, creo que Pablo entregó mucha plata también. Parece que él manejó una parte de los del Magdalena Medio.*

## Capítulo VI

# Más plata para Samper y Botero

Son las tres de la tarde y el restaurante, paulatinamente, va quedando vacío. Alberto le pide al mesero que suba el volumen a una versión del clásico «Los sonidos del silencio» interpretada en español, por Demis Roussos, que acompaña tarareando y golpeando suavemente la mesa con todos los dedos de sus manos. Es lunes, pero la música y la intimidad del lugar, le animan a seguir contando pedazos de su pasado, a compartir su memoria fotográfica, en especial cuando de su tema preferido se trata: la política nacional.

Él mismo se pregunta, qué hubiese sucedido si no pasa lo que ocurrió con el llamado «Proceso ocho mil»; respondiéndose a sí mismo dice: *«hubiéramos tenido un éxito descomunal»*.

La melodía que estaba sonando ha terminado. Alberto revuelve su trago sin la intención de beberlo, pues ya para esa época no podía consumir más de uno. Mira de frente y toma la decisión de soltar un secreto «bomba». Pide que sus próximas palabras queden en la grabación.

—*Pon esto que te voy a contar: ¿sabes cuánta plata le dieron al presidente Samper, en el año de 1994? 17 mil millones de pesos. Así como te lo estoy diciendo. Seis mil, los Rodríguez; tres mil, Víctor Patiño Fómeque; tres mil, el marido de la «Monita Retrechera» Chucho Sarria; y dos mil, los de Marlboro. ¡La plata se la robaron Samper y Botero; son multimillonarios!*

Termina la revelación y pide más hielo para su vaso de agua. No recuerda con exactitud quiénes fueron los aportantes del resto del dinero para la campaña. Pero sus palabras fueron contundentes. Seguras, pese a la certeza histórica y judicial de que los aportes de sus amigos de Cali para la campaña «Samper Presidente» no superaron los siete mil millones de pesos.

Las investigaciones de la Fiscalía colombiana, basadas en la confesión del tesorero de la campaña, dejaron en claro el monto de esos aportes, sin hablar de un peso más.

Sin embargo, Giraldo insiste en sus palabras y recuerda que el ex ministro Fernando Botero fue investigado y acusado por la justicia posteriormente por el delito de hurto, al parecer relacionado con dinero de la misma campaña.

Sus afirmaciones se sustentan en el hecho mismo de que el ex ministro se vio obligado a huir del país luego de su excarcelación, al expedirse en su contra una nueva orden de captura por el presunto hurto de 800 millones de pesos de la campaña.

Los investigadores creyeron en un principio que en el caso del ex ministro Botero, ese dinero que apareció en cuentas ramificadas en Panamá y Estados Unidos, fue extraído por el ex ministro, aprovechando que a la campaña presidencial ingresaron, al mismo tiempo, dineros de la mafia y dineros legales aportados por los más importantes empresarios, industriales y dueños de conglomerados del país.

Pero en el caso de Samper, nunca en las investigaciones se estableció que mantuviera dinero cifrado en cuentas de Europa o Estados Unidos. En cambio, en Colombia se llegó a especular que Botero estaba ahorrando dinero «del malo» para blindar económicamente sus pretensiones presidenciales.

A través de sus abogados y en un juicio en Bogotá, el ex ministro siempre negó los nuevos cargos y apeló las decisiones en su contra para que no quedaran en firme.

El hijo del cotizado pintor paisa terminó escondido en México durante varios años, aprovechando su doble nacionalidad colombiana y mexicana. Luego regresaría al país, ya cumplida su nueva pena y sin peligro de ser de nuevo capturado una vea más, a caminar solitario en las noches las calles del tradicional sector de la «Zona Rosa» de Bogotá, olvidado por amigos y enemigos, mirando vitrinas de almacenes sin más protección y compañía que un teléfono celular.

*Última foto de Alberto Giraldo, dos meses antes de su muerte.*

*El autor revisando el texto de las revelaciones escritas por Alberto Giraldo en la cárcel.*

*Con sus familias en un momento de descanso, en la finca donde los dos periodistas tuvieron varios de los encuentros.*

*Alberto Giraldo y el autor del libro en plena grabación de sus entrevistas*

*Uno de los últimos encuentros de Alberto Giraldo y el autor en*
*la preparación del libro.*

*Alberto Giraldo posando para el libro.*

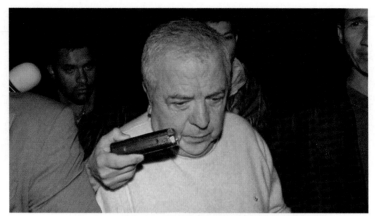

*Gilberto Rodríguez Orejuela el día que recobró temporalmente su libertad.*
*(Foto cortesía El Espectador)*

*Gilberto Rodríguez Orejuela con el General Rosso*
*José Serrano minutos después de capturarlo.*
*(Foto cortesía El Espectador)*

*Gilberto Rodríguez Orejuela tras las rejas, en la Penitenciaría de la Picota*
*(Foto cortesía El Espectador)*

## Capítulo VII

# Samper, en la mira

El nombre de Samper figuró en documentos de la Fiscalía de Estados Unidos, en relación con la recepción de los llamados «dineros calientes». Los fiscales Paul I. Pérez y Joseph K. Ruddy, División Tampa, Florida, estamparon en un documento oficial una acusación de suma gravedad. En marzo del año 2005, aseguraron que el «Cartel de Cali» había «comprado» al presidente Ernesto Samper Pizano y al Congreso de la República, para terminar con la extradición, creando el artículo 35 de la Constitución que niega la posibilidad de que presuntos narcotraficantes sean entregados a Estados Unidos.

Y en ese documento se vuelve a hablar del monto del soborno. «Irónicamente, el artículo 35 de la Constitución de Colombia constituye un acto patente en la conspiración acusada, en este caso porque representa el producto del soborno exitoso al entonces presidente colombiano Ernesto Samper y al Congreso colombiano por el "*Cartel de Cali*", para inmunizarlos a ellos de la extradición a los Estados Unidos…»

El documento oficial surgió dentro del proceso que Estados Unidos sigue contra el colombiano Joaquín Mario Valencia. Pero los fiscales aprovecharon la ocasión para acusar al ex presidente colombiano.

«El gobierno presentará testimonio de que el *"Cartel de Cali"*, del cual el acusado es y fue miembro, conjuntamente recogió 5 millones de dólares para pagarle al presidente Samper para respaldar el artículo 35 y hacerlo ley…»

«El testimonio también establecerá que casi la mitad de la totalidad del Congreso colombiano, fue similarmente sobornado por el *"Cartel de Cali"* para apoyar una legislación idéntica...»

Estos argumentos de la fiscalía estadounidense buscaban tumbar la limitación que tiene para que los extraditados colombianos sean juzgados por hechos y delitos anteriores a la promulgación de la extradición en Colombia.

La publicación del documento en Colombia fue entendida como el primer pronunciamiento de una autoridad judicial de Estados Unidos asegurando tener pruebas de que el ex presidente recibió sobornos para hacerle favores a los jefes del Cartel.

La noticia causó una tormenta político judicial de grandes proporciones en Colombia, pero rápidamente fue conjurada por las vías diplomáticas.

El entonces embajador de Colombia en Washington, Luis Alberto Moreno, miembro de la campaña de Andrés Pastrana a la presidencia, salió al paso a las acusaciones alegando que se trataba de una intromisión indebida de una autoridad extranjera.

Por su parte el embajador de Estados Unidos en Bogotá, William Wood, concedió una rueda de prensa en la que puso punto final al impase, asegurando que el tema de la narco financiación ya había sido suficientemente aclarado y que no conocía de la existencia de un proceso contra Samper en su país. Adicionalmente, dejó en claro que ningún colombiano extraditado podía ser procesado, juzgado y condenado por delitos cometidos antes de 1997, cuando Colombia revivió la figura de la extradición. Irónicamente, este escándalo contra Samper terminó favoreciendo a los hermanos Rodríguez Orejuela, pues el argumento de la no retroactividad de la extradición evitó que los acusaran por delitos más graves que ya habían confesado en Colombia.

Samper, quien en ese momento volvía a ser figura destacada en la política nacional, se atuvo al fallo de su juez natural, el Congreso, que lo absolvió de todos los cargos que señalaban que desde un principio sí supo que el dinero del narcotráfico estaba ingresando a las arcas de su campaña. Su frase célebre «todo fue a mis espaldas», volvió a ser su caballito de batalla.

## Capítulo VIII

# Todos recibían

Alberto Giraldo, quien fuera testigo de varios de los momentos más claves del operativo que permitió los aportes de *«El Cartel de Cali»*, insiste en que la cifra fue más alta de la conocida por la opinión pública. Por eso, prefiere seguir hablando de la «narco infiltración» en la política, y regresa a los primeros tiempos, al principio de ese fenómeno.

—*En esos años, la clase política colombiana quería establecer contacto con los Rodríguez. Y naturalmente me buscaban para viajar a Cali, en vista de las relaciones que yo mantenía con Gilberto y Miguel. Los hermanos figuraban como grandes empresarios y generosos patrocinadores de las campañas políticas. Ambos eran muy liberales, casi sectarios, pero siempre estuvieron dispuestos a patrocinar a los partidos, para defender la democracia. Gilberto ya rankeaba como un banquero importante, que tenía amigos muy influyentes en todas las esferas. Por lo tanto, los políticos en ascenso me solicitaban que los llevara a Cali. Usted debe saber que del año 78 al 94, todas las campañas políticas de Cali y el Valle fueron apoyadas por ellos.*

*Ahora quiero hacerle una revelación: el proceso de la participación de los «dineros calientes» en la política, no comienza ni se acaba con el presidente Ernesto Samper. Dolorosamente es un asunto que se inicia muchísimo antes del año 94 y se prolonga en los años posteriores. El dinero siempre buscará respaldar a los hombres del poder político. Hubo presidentes que fueron verdaderamente elegidos con dineros del narcotráfico.*

*Aquí han existido jefes de gobierno que tuvieron nexos muy cercanos con «dineros calientes», que sirvieron para definir elecciones. El narcotráfico comienza a hacer su discreta aparición en la política, en la primera administración del presidente López, con los «marimberos» de la Guajira. El doctor Julio César Turbay, recién elegido presidente, en 1978, fue brutalmente vapuleado y calumniado en un programa periodístico norteamericano. Lo acusaban de tener un pariente cercano con vinculaciones a la marihuana.*

*Turbay reaccionó con la dignidad de un estadista agredido y demandó al programa de opinión por calumniador. Meses más tarde, la justicia de ese país le dio la razón al Jefe de Estado colombiano en su demanda y obligó al periodista a darle las debidas reparaciones públicas. De allí en adelante fue muy generosa la participación de grupos «non-santos» en las campañas presidenciales.*

*En el año 82, las contribuciones financieras de grupos emergentes a las campañas presidenciales fueron muy generosas. En ese momento no figuraban como reos de la justicia, ninguno de los que manejaban el tráfico internacional.*

*Personas como Pablo Escobar, los hermanos Ochoa Vásquez, los Moncada y Galeano, el grupo de los Correa, actuaban con mucha tranquilidad en un ámbito permisivo. Escobar era un líder cívico que invertía fuertes sumas de dinero en el programa «Medellín sin tugurios», que fue apoyado con todo entusiasmo por los mas destacados personajes antioqueños. Muchos barrios populares de Medellín tuvieron pequeñas ciudadelas deportivas y canchas de fútbol iluminadas gracias a dichas contribuciones. El deporte y las obras sociales eran el medio de comunicación entre los narcos y el pueblo.*

*Esa misma situación determinó que dieran rienda suelta a sus apetencias políticas. En Cali, los hermanos Rodríguez Orejuela y José Santacruz decidieron incorporar sus nacientes fortunas a los sectores industriales e inmobiliarios. Todo proyecto lujoso de apartamentos de turismo contó con la generosa inversión de ellos.*

*En 1982, con el doctor Belisario Betancur, la cosa ya se mostró muy abiertamente, con Medellín y los Rodríguez que fueron amigos directos de Belisario. Las contribuciones no eran satanizadas, porque en la legislación vigente, no había impedimentos ni regulaciones legales para financiar campañas políticas. Esto debe quedar muy claro. Nadie consideraba delito ese tipo de contribuciones. Por lo tanto, los candidatos presidenciales aceptaron esa participación bajo la presunción de que no violaban algún precepto jurídico. Esa laxitud permitió inclusive que algunos candidatos tuvieran contacto amistoso con los que ya figuraban como millonarios emergentes.*

*Durante el año 86, con el doctor Barco, se registró de nuevo la participación del narcotráfico. Todavía no habíamos llegado a las limitaciones legales que hoy existen. La extradición ya había sido establecida por el presidente Betancur, como represalia por el infame asesinato de su Ministro de Justicia Rodrigo Lara Bonilla, pero todavía quedaban muchos escapes. Estos fueron aprovechados para la financiación de las campañas con dineros emergentes. No debe olvidarse que el gran promotor de la presidencia Barco fue Rodolfo González García, uno de los grandes amigos personales de los Hermanos Rodríguez Orejuela.*

*Para el año 1990, después del horrible suceso del asesinato del doctor Luis Carlos Galán, ya había normas que castigaban severamente el narcotráfico. El Presidente Barco, la misma noche del brutal atentado contra el doctor Galán, había dictado un decreto que, por primera vez, penalizaba el enriquecimiento ilícito, proveniente del narcotráfico. En estas condiciones, fue escogido como candidato a la presidencia el doctor Cesar Gaviria Trujillo, un exitoso joven pereirano que se había curtido como ministro de hacienda y gobierno en la administración Barco. Gaviria, tuvo que hacer la más difícil campaña presidencial que se recuerda en toda nuestra historia. En razón del origen político de su candidatura, Escobar le declaró la guerra al candidato liberal. Y naturalmente no hubo ninguna participación económica de ellos. Pero hubo otros grupos que muy por debajo de cuerda contribuyeron al ejercicio de la democracia. Ya los candidatos comenzaron a organizar filtros en sus tesorerías, para evitar la presencia de «dineros calientes».*

*A mí me tocó llevarle al doctor Gaviria una cinta en la que Pablo Escobar decía abiertamente: ...* "*Veo a ese marica hijueputa oliendo a gladiolo, en medio de cuatro cirios*".

*El candidato Gaviria tuvo que mandar urgentemente, a su señora madre a los Estados Unidos, porque las amenazas de secuestro contra ella eran muy serias. Pero, por otra parte, el Cartel del Norte del Valle y el viejo Caldas fueron muy generosos con él. Se movilizaron, dejaron toda la plata...*

*Lo de Samper es una historia ya bien conocida...*

## Capítulo IX

# Presidentes, marihuana y «Swingirls»

El Loco recuerda a Samper como cuando a un amigo se le pregunta de la existencia de un viejo compañero de estudios de quien nada se sabe hace muchos años. Amigos distanciados no sólo por el tiempo, sino por las circunstancias y las trampas del destino. El mismo destino que los unió, parece haberlos separado.

—*Éramos buenos amigos. Recuerdo cuando me llamaba para que le organizara programas en un apartamento del barrio La Soledad de Bogotá. Él las llamaba «tardes de ternura».*

—*Giraldo, ¿por qué no hacemos hoy una tarde de ternura?* — me decía.

*Y yo llamaba a César Villegas; él prestaba gustosamente su apartamento en La Soledad, y nos encontrábamos hacia las tres de la tarde. Se metía dos, tres cachos de marihuana, unos tres tragos de whisky y se desestresaba hablando de temas triviales. Yo seleccionaba a las acompañantes, cuyas edades no pasaban nunca de los 25 años.*

*«El Gordo» aprendió a fumar marihuana gracias al periodista norteamericano Tom Quinn. Ellos se hicieron muy amigos, por el año 75, si mal no recuerdo, cuando Tom llegó al país. Él le enseñó a Samper a fumar marihuana. Ellos se veían en un apartamento del barrio La Perseverancia, según me lo contó el propio Samper, y luego me lo confirmó Tom. Eran épocas de universidad. A ese grupo se unieron varios amigos que más adelante fueron políticos muy famosos y que también llegaron a ocupar cargos en el gobierno. Todos a fumar marihuana. Es más, hasta dos ex presidentes ecuatorianos, muy allegados a nuestro país, participaban en esas «tardes de ternura», cuando venían a Bogotá.*

*En ese apartamento de La Soledad todos nos divertíamos. Yo creo que nosotros fuimos los primeros en incursionar en la modalidad «swinger» en Colombia, porque ya lo habíamos disfrutado independientemente en París.*

Giraldo alude a César Villegas, un personaje que pasó a este pedazo de historia nacional por su mención en los «narcocasetes», en los que se le señalaba como «El Bandi».

Villegas también estuvo detenido y condenado por culpa del mismo escándalo, y hasta ese momento se le conocía sólo como un hombre de negocios, específicamente los relacionados con el fútbol profesional de Colombia.

Murió abaleado en una calle del norte de Bogotá, cuando ya había pagado su condena en prisión.

## Capítulo X

# Misa y «narcocasetes»

Los domingos, la vida de «El Loco» es un libreto que sigue al pie de la letra: junto a su familia y al perro de su casa, al que llama «Whisky»; se levanta bien temprano, termina de despertarse bajo una ducha caliente y sale a la calle a caminar una hora, vistiendo una sudadera roja del equipo de fútbol *América de Cali*. Visita la panadería de al lado, y regresa antes de las ocho con el periódico bajo el brazo y un pan francés recién hecho. Devora *El Tiempo* en todas sus secciones. Las noticias judiciales y las políticas son sus preferidas, pero no deja de lado las de trascendencia económica. Recibe llamadas constantemente. Se sorprende al comprobar que aún lo siguen llamando algunos políticos de antaño y otros en plena vigencia, periodistas de la vieja guardia, ex funcionarios públicos y uno que otro *lagarto* que todavía cree en sus buenos oficios. Sigue siendo un relacionista público.

«Whisky» es el único ser que lo acompaña en la lectura del diario. Uno de aquellos domingos, la noticia de primera página tiene que ver con una oferta más de los narcotraficantes del Norte del Valle para negociar con el Gobierno del Presidente Uribe.

—*Ojalá el Gobierno acepte, porque si no, esa gente va a terminar toda muerta,* —señala Alberto aludiendo a la crónica periodística que habla de la guerra en la que los nuevos capos del narcotráfico, antiguos colaboradores de los Rodríguez y los Urdinola, están enfrascados desde hace más de un año, por culpa de las delaciones. Giraldo cree que la mejor salida es la negociación con el Gobierno, pero que el principal obstáculo es, como siempre, Estados Unidos.

Colombia vive la expectativa de un nuevo intento de paz con los violentos. Esta vez, con los grupos paramilitares, algunos de cuyos jefes son presuntos capos de la droga, quienes montaron sus propios reductos antisubversivos. Varios narcotraficantes que figuran en los archivos o *indictamen* de la Justicia de Estados Unidos, figuran también en la mesa de diálogos con el Gobierno, en una zona rural del departamento de Córdoba, pero en calidad de voceros autorizados. Una ambiciosa propuesta del Presidente Uribe les brindó la posibilidad de salvarse de la temible extradición a cárceles de Estados Unidos, con la sola condición de entregar sus armas, desmantelar sus grupos y sentarse a la mesa a buscar un final feliz que termine con el paramilitarismo.

—*El problema es ese, que Estados Unidos no va a permitir que otros narcos se metan en el cuento y se salven de la extradición,* —analiza Alberto tras terminar la lectura del artículo—. *Bueno, tenemos tres horas para grabar, porque a las once me voy para mi Misa,* —advierte antes de medirse el nivel de su presión arterial con un aparato que sujeta al dedo índice derecho.

—*Hoy quiero que hablemos de los «narcocasetes»,* —sentencia.

Se acomoda en la poltrona de tela beige del lado izquierdo de la sala, suspira hondo y busca su propia memoria, cerrando los ojos. Los «narcocasetes» significan para Alberto Giraldo lo que para un futbolista significa anotar el autogol con el que su equipo pierde la final de la copa del mundo. Un recuerdo imborrable, aterradoramente eterno. Sucedió en mayo de 1995. El país político ardía por todas partes, y el rumor de la narco financiación de la campaña «Samper Presidente» se convertía, con el paso de los días, en una verdad inminente. Era el rumor a voces de los corrillos del Congreso, de los cócteles nocturnos, de las reuniones sociales, de los finales de velorios, de las comidas de la alta sociedad, de los almuerzos de ejecutivos, de las tertulias de periodistas y de las rumbas exclusivas.

Un miércoles a las cinco de la tarde, el chisme explotó como una bomba de gas en las manos de un niño. Las salas de redacción de todos los medios dieron por cierta y confirmada la existencia de un casete que contenía las conversaciones de los hermanos Rodríguez con el periodista Giraldo, sobre la forma como se había financiado la segunda vuelta a la Presidencia.

Alberto vuelve a la realidad de la sala de su casa. Pide un vaso con agua y alista una pastilla para seguir con precisión el tratamiento de su hipertensión. Toma el periódico de nuevo y lo tira en la mesa sin leerlo.

Los «narcocasetes» fueron el principio del fin de todos. De él, de los Rodríguez y de muchos de sus aliados políticos. Giraldo recuerda con absoluta claridad y precisión las fechas, con horas y minutos, de todo este episodio de los narcocasetes. Suspira hondo, acomoda las gafas, mira a un lugar fijo y desnudo de la pared de su casa, y comienza el apasionante relato de este pedazo de su existencia, que al mismo tiempo se convirtió en un tramo de la historia reciente de Colombia.

El primer nombre que se le viene a la cabeza, de los tantos que ha almacenado en su recuerdo, es el de su buen amigo Eduardo Mestre Sarmiento, un sagaz líder político santandereano, senador de la República, durante varios periodos, y quizá el más emprendedor y convencido de los dirigentes liberales que se echó al hombro la campaña «Samper Presidente».

Mestre Sarmiento quedó hundido en el mismo barco destrozado en que terminó convertido el partido liberal de entonces, en medio del *tsunami* que provocó el «Proceso ocho mil», tras conocerse las primeras pruebas de la infiltración de dineros del «Cartel de Cali» en las campañas políticas.

Mestre resultó siendo uno de los primeros capturados de la investigación penal, precisamente junto a Giraldo y a un supuesto testaferro de los Rodríguez Orejuela.

Otro nombre que Giraldo no puede evitar traer a colación, es el del entonces joven ejecutivo y político Fernando Botero Zea, gerente de la campaña de Samper, y promesa presidencial del Partido Liberal, para futuras elecciones. Hijo del afamado y cotizado pintor del mismo nombre, Botero Zea ya había saboreado un pedazo de la torta política, cuando en 1986 fue elegido al Concejo de Bogotá, en las mismas huestes del entonces candidato Samper.

Entre él y el futuro presidente existía una amistad que se vio fortalecida en los trajines de la contienda electoral; se reafirmó con la elección de Samper como presidente al nombrarlo Ministro de Defensa, pero se desmoronó como azúcar en el agua en el desenlace del escándalo político.

Botero terminaría siendo el enemigo acérrimo de Samper, convirtiéndose en testigo de cargo en su contra. Pero, por ahora Giraldo no quiere tanta historia, y sólo está interesado en el principio de todo: los «narcocasetes».

*—El 18 de junio de 1994, me llama, a las siete de la mañana, Eduardo Mestre, diciéndome: «Mira estoy con Fernando Botero, y resulta que hay un problema muy grave». Eduardo manifiesta que hay unas grabaciones mías, y que es mejor que vaya para la oficina del candidato. Le respondo, bueno ya voy para allá. Me baño, y a los 20 minutos vuelve a llamar diciendo: «No, mira, mejor vete para mi casa porque vamos Fernando y yo para allá».*

*Me vestí con lo primero que encontré en el armario y, más que preocupado impaciente, salí a toda prisa. Por el teléfono Eduardo no quiso anunciarme nada, y mucho menos soltó algún detalle o pista que me permitiera hacerme una idea de lo que estaba pasando. Llegué casi con desesperación. Entonces, sin saludarme, Eduardo me pone la cinta en un equipo de sonido y yo digo: ¡Ay jueputa! Un frío me recorrió el cuerpo en segundos y sentí que el suelo de la sala en la que estábamos parados los tres, se abría a mis pies. Era mi voz, la de Miguel, la de Gilberto. Éramos los tres hablando del dinero de la campaña. Eran muchas conversaciones, que cubrían un ciclo de dos o tres semanas, en las que se hablaba rigurosamente de la financiación de la campaña presidencial en su segunda y definitiva vuelta en 1994. Dónde estaba llegando la plata, de dónde la estaban mandando. Habían grabado inclusive una conversación que sostuve con el candidato en los días previos a la elección de la segunda vuelta.*

*El presidente Samper me invita a mí el jueves 16 de junio de 1994; me invita a desayunar el candidato Samper y me dice: mira, dile a tus amigos que la misión está cumplida, que vamos a ganar y que yo cumplo. Y dale la gratitud. La última llamada es esa, jueves 16 de junio.*

Entonces le digo a Eduardo, bueno yo quiero hablar con el candidato y él me dice que no, que él no quiere hablar. Yo le insisto y le digo que lo voy a llamar, que necesito hablarle. Mestre me dice, «Oye estamos en un lió muy grande». Y es cuando me propone que llame al noticiero de Pastrana, TV-Hoy, para que trate de impedir que armen escándalo con los casetes. Le dije, vamos a ver. De inmediato me fui, pero a buscar a Samper. Lo encontré en su penthouse de la calle 70, abajo de la circunvalar, al oriente de Bogota. Me reuní 5 minutos con él. Lo noté muy preocupado; estaba solo, pues nadie más salió a la sala. Vestía sencillo y me hizo pasar a su despacho privado, al lado de una terraza. Al verlo tan cabizbajo, de entrada le dije: presidente, mira, yo nunca hablaré de este tema. Para mí está muerto. El estado de ánimo del candidato no daba para más. Me despedí y salí raudo para donde Álvaro Pava, que vivía a pocas cuadras de allí, sobre la carrera 7 con calle 93, en un complejo de apartamentos en que también residían otros conocidos políticos liberales. Como era el jefe de debate, el director político de la campaña del doctor Pastrana, sospeché que a esa hora iba a estar en su casa atendiendo visitas de toda clase. Por eso me fui a la fija, además porque éramos muy buenos amigos de tiempo atrás. Amigos en la política y en el periodismo. De una le solté el motivo de mi inesperada visita. Le dije mira, me acaban de informar que hay unas grabaciones con la voz mía y las de Gilberto y Miguel Rodríguez, en las que le ofrecemos plata al «Gordo». Pero en esas grabaciones no aparece la oferta que se le hizo a Andrés. Le dije que él sabía que yo les había ofrecido y que le había dado muy poquita plata a Andrés, pero fui yo por cuenta de los Rodríguez porque yo no gastaba *plata mía, sino por cuenta de ellos. Como esto va a ser un escándalo muy grande, yo te ruego el favor de que me averigües si TV-Hoy va a hacer uso de esas grabaciones esta noche. Pava me contestó: «Andrés está volando en un avión de Aerorepública por todo el país, rematando campaña, pero voy a hablar con él en cualquier momento, y miraremos a ver qué pasa».*

*Ese día dediqué mi tiempo a hacer toda clase de gestiones, precisamente para que los medios no publicaran la noticia en víspera de las elecciones. Mi prioridad era el doctor Pava, pues como jefe de campaña estaba en permanente contacto con Pastrana. A las nueve de la noche me senté frente al televisor, en espera de la emisión ordinaria de TV-Hoy, que se transmitía a las 9:30 pm. Mi tensión se desvaneció al comprobar que en ninguno de los titulares se hizo mención al tema de los casetes. A la media noche volví a buscar al doctor Pava y supe que el staff de la campaña se había reunido a presenciar un partido de fútbol y, obviamente, a hacer el análisis final de la campaña.*

*Estuvieron todos: el candidato Pastrana, Juan Hernández, Luis Alberto Moreno, Camilo Gómez, Víctor G. Ricardo, y la señora Claudia de Francisco, quien oficiaba como gerente de la campaña. Durante el encuentro Andrés se declaró ganador, y en ningún momento se tocó el tema de los casetes, según me lo contó Álvaro Pava, esa noche a las once. Y así nos fuimos a las elecciones el domingo. Y ganó «El Gordo».*

Giraldo suspende el relato. De pronto recuerda que debe hacer una llamada a un amigo, un ex ministro que está hospitalizado. Se para, camina hasta la cocina; de la nevera saca una porción de queso, una de bocadillo, come un poco y se va hasta la habitación principal a buscar el teléfono. Habla durante varios minutos, concreta una cita para el día siguiente, y regresa a retomar los hilos de su pasado. Su pensamiento vuelve a ese lunes de junio de 1994, ya elegido Samper presidente, y cuando ya gran parte de los medios de comunicación del país tenían en su poder los temidos casetes que iban a desatar el escándalo político más grande del siglo XX, y a poner en tela de juicio la dignidad de la clase política colombiana.

—*Ese lunes supe que el jefe de la DEA en Bogota, Joe Toff, había hecho distribuir el casete a todos los medios de comunicación, comenzando por el noticiero «24 horas», que se transmitía de lunes a viernes a las siete de la noche, y era el noticiero de la familia Gómez Hurtado. Presentía que, esta vez, mi tarea de evitar el escándalo en los noticieros de entre semana, no tendría el mismo éxito que tuve con TV-Hoy, especialmente cuando me entero que Toff le había entregado las primeras copias de las grabaciones a una periodista judicial de «24 Horas». Poco a poco me fui enterando de muchos detalles relacionados con los casetes. Por ejemplo, que los grabaron en un mezanine de la DIJIN, organismo de seguridad adscrito a la Policía, cuya dirección se la habían confiado al general Jairo Rodríguez, creo que con la supervisión del propio Joe Toff. Esa oficina la conformaban un mayor, procesado después por homicidio, un teniente que también tuvo problemas años más tarde, y dos sargentos de la Policía. Ellos manejaban el departamento de grabaciones con dos agentes de la DEA.*

*Eran momentos de gran agitación política. La campaña presidencial de los candidatos Samper y Pastrana había dividido a todos los estamentos de la sociedad. Tanto que el ministro de Defensa, el doctor Rafael Pardo era un liberal muy asociado al presidente César Gaviria, pero, su esposa Claudia de Francisco,* era la gerente de la campaña Pastrana. Con este título había logrado organizar a un grupo grande de esposas de los mandos militares que hacían abierto proselitismo a favor del candidato Pastrana. Esta situación fue fatal en el tema de los casetes, porque el general Jairo Rodríguez, el mismo jefe de la DIJIN, se encargó de entregarle al general Fabio Campos Silva, sub-director de la Policía, el casete de mis conversaciones con los hermanos Rodríguez. Como es natural entre el director de la policía de entonces, general Vargas Silva, y el sub-director Fabio Campos Silva, había una rivalidad de mando, que facilitó el escándalo.

El general Rodríguez, envió el casete al general Campos Silva, en vez de haberlo entregado al director de la institución. Y el sub-director que no ocultaba su simpatía por Pastrana, decidió pedirle audiencia al ministro de defensa Pardo Rueda, sin informarle a su superior inmediato.

El ministro Rafael Pardo Rueda recibió el casete el miércoles anterior a la elección, es decir el 15, y se los llevó para su casa, en el barrio Santa Ana del oriente de Bogota. Y claro, lo primero que hace es contarle a su mujer, Claudia de Francisco, quien como ya dije hacía parte del staff de la campana de Pastrana, más exactamente la gerente administrativa. Es ella, la señora Claudia de Francisco, la que se sustrae el casete con las conversaciones. Y, lógicamente, ella lo entrega el jueves en la mañana al candidato Pastrana.

Alberto Giraldo parece incomodarse con el tema. Se le nota la rabia recordando aquel episodio. Se mueve constantemente y parece no caber en la silla. Reflexiona y concluye.

—*O sea que el candidato Pastrana no dijo la verdad cuando reveló que le habían entregado los casetes en una esquina en Cali...*

Giraldo recuerda las diferentes entrevistas del candidato conservador, ya derrotado, durante las cuales explicó que en el lobby de un hotel de Cali, en una de sus giras, un anónimo le entregó los casetes en un sobre de papel manila, aparentemente a través de su jefe de seguridad, un mayor de la Policía que años mas tarde se convertiría en el jefe del DAS, la policía secreta de la casa de Nariño, cuando Andrés Pastrana logró la presidencia un periodo después.

—*Esa es la historia de los famosos narcocasetes. Esa es la historia de cómo llegaron esas grabaciones a manos del candidato Pastrana. Es la esposa de Pardo la que se las entrega. Y entonces el candidato conservador se va para donde el presidente Cesar Gaviria y se las entrega.*

Así concluye Giraldo, con gesto de rabia, su narración sobre los «narcocasetes».

## Capítulo XI

# Teléfonos seguros

Hasta el momento en que se conoció el contenido de las cintas, Alberto Giraldo oficiaba como un periodista muy conocido en los círculos políticos, amigo de directores de medios y reportero de gran fama entre los veteranos del ejercicio de la comunicación. Y claro está, ya se le conocía como amigo de los Rodríguez.

No era raro entonces verlo en las salas de redacción de medios de comunicación, hablando con editores o directores sobre el tema de la persecución a los poderosos jefes del «Cartel de Cali», o de su eventual entrega a las autoridades, como se rumoraba entonces.

Muchas veces Alberto sirvió de puente entre los dos hermanos Rodríguez y los periodistas que intentaban una entrevista que jamás dieron, o para que simplemente uno de los capos desmintiera o aclarara una información en su contra filtrada por algún organismo secreto.

Aún así, las nuevas generaciones poco o nada sabían de Giraldo, hasta esa noche en que su voz comenzó el camino que le daría la vuelta al mundo.

—*Te llevo las mejores noticias del mundo, pero las mejores. Hoy sí me vas a dar un abrazo,* —le dijo a Miguel Rodríguez en el comienzo de una de las primeras conversaciones que fueron grabadas. Luego vendrían más, en las que ya se hablaba casi directamente de la plata para la campaña «Samper Presidente».

Debieron pasar once años para que Giraldo quisiera recordar de nuevo los momentos precisos en los que realizó aquellas llamadas que más tarde reconocería como su perdición.

—*Miguel siempre me responsabilizó de que las conversaciones entre ellos y yo fueron interceptadas por indiscreciones mías. Él decía, que las llamadas de sus teléfonos estaban controladas en la ciudad de Cali y que no había manera de que se produjeran fugas peligrosas. Me indicaban, que no llamara desde ningún teléfono fijo. Yo lo creía así, pero debo decir, en mi defensa, que siempre tomé las precauciones para que no fuera fácil la interceptación de mis llamadas. Tenía cuatro teléfonos: utilizaba los servicios de Telecom en sus oficinas del Hotel Tequendama del Centro Internacional, la carrera 15 con calle 90 y las de Unicentro. Yo me movía. Muchas veces me tocó ir hasta el aeropuerto El Dorado para buscar la discreción y evitar el seguimiento.*

El periodista quiere tomar impulso para el siguiente relato. Se trata de momentos que, al igual que todos los que tuvieron que ver con esas conversaciones, jamás pudo borrar de su memoria. Es que no sólo cambiaron abruptamente su existencia, también le dieron un viraje a la historia de Colombia, o por lo menos la alteraron. Cosa que él no admite, más por modestia que por convicción.

—*No, hombre. La historia no se cambia. Usted sabe que no, eso está determinado. Este país es bandido porque es bandido.*

*Ellos mantenían el control de Cali, pero no tenían el control de Bogotá, —insiste sobre las grabaciones. —Es que para controlar el teléfono, lo que hay que hacer es controlar de origen a destino. Y en el caso mío ellos, los Rodríguez, controlaban el origen y no el destino. El origen era la casa de Miguel o de Gilberto. Pero cuando yo llamaba, yo llamaba de todos los teléfonos de Telecom. El chuzado era yo. Ellos tenían todo el control de destino, pero no controlaban mi origen. Es que ellos me dijeron que no llamara desde ningún teléfono fijo. Pero yo llamaba de todos los Telecom, y como dije, me tocaba ir hasta el aeropuerto...*

Suelta una carcajada, se lleva la mano a la frente como queriendo limpiar un sudor inexistente, pareciendo más a un niño recién sorprendido en plena pilatuna. Pero teniendo en cuenta la conmoción nacional que precipitaron, sus conversaciones con los Rodríguez, no resultaron para nada un juego de niños. Pasados ya más de 10 años, Alberto Giraldo lo exterioriza como una anécdota y no tanto como una tragedia nacional. Una anécdota que ahora encaja perfecto dentro de su nuevo estilo de vida, descomplicado y desabrochado.

*—Yo me movía; pero... es decir... yo no sé cómo me controlaban. Porque es que además, esos tipos eran unos verracos, esos de la DEA, —concluye.*

Y tiene por qué decirlo, así tan categóricamente. Según recuerda, los que oficiaron como sus verdugos y que lo grabaron sin que se diera cuenta, habían sido sus aliados cuando gozaba de la prosperidad de su periodismo político.

*—Yo conocí a Herbert Hoover, el del FBI. Fui amigo de él, tengo cartas de él, fui amigo de los gringos. A mí me decían que era*

*agente de la CIA. El Primer Secretario de la embajada de Estados Unidos es el jefe de la CIA en Colombia, por rango. Y siempre, desde el año 70, todos los jefes de la CIA fueron amigos míos, y me llamaban; yo tenía reuniones con ellos, hasta el año 88. El último fue un tipo que fue embajador después en Angola.*

## Capítulo XII

# El «buenavida»

Alberto hace un alto en sus revelaciones para, a propósito de sus ex amigos de la embajada estadounidense en Bogotá, recordar cuándo fue la última vez que pisó territorio de ese país:

—*Yo pasaba navidad en Nueva York en el Hotel Plaza. 300 dólares la noche. Me di buena vida, claro. Ya no. Ya no soy nada. Me tocó ir a Cali hace unos días, y me costó 160 mil pesos, que son unos 70 dólares y ríase la dificultad para pagar eso... En cambio, por ejemplo, la última Semana Santa antes de mi captura, me alquilé un yate y me fui para Galápagos. Un yate de 2000 dólares el día. Iba con una nieta que amo, mi mujer, y Federico mi hijo; nos quedamos tres días en Galápagos, saliendo desde Guayaquil.*

Alberto Giraldo cierra los ojos con fuerza y sostiene ese último pensamiento como intentando inmortalizarlo. Los abre y descubre la realidad de ahora y revela:

—*Yo era rico. En mi momento creo que llegué a tener unos cuatro millones de dólares de capital, que era muy buena plata. Pero eso me lo quitó la Fiscalía. Invertí en transportes... Debo confesarte que ese proceso, el ocho mil, ha sido la parte más ingrata de mi vida. Hasta ese momento yo llevaba 44 años de ejercicio profesional ininterrumpido en el periodismo, y había logrado un récord muy difícil de superar: el de ser director de las cuatro cadenas radiales más importantes del país. Pero lo más importante es que inauguré el proceso de no ser empleado de esas industrias radiales. Siempre fui su socio exitoso, porque en la medida que aumentaba nuestra audiencia, mejoraban los ingresos económicos. Esto me enseñó a ser un modesto empresario que simultáneamente desarrolló otras actividades.*

*En el año de 1965 fundamos con Antonio Bellini y Elías Ospina, la empresa de buses Blanco y Negro en Cali, que hoy es orgullo del transporte urbano en la Sultana del Valle. En 1972 le dimos vida a la sociedad antioqueña de transporte Santra en la ciudad de Medellín, con ese mítico transportador que fue Pastor Restrepo. En 1987 incursioné con dos pequeñas empresas de transporte en Bogotá. Esto me permitió que al momento de mi crisis, en 1995, tuviera una modesta fortuna representada en vehículos para el transporte colectivo y en empresas básicas de transporte, además de otras empresas periodísticas que me daban un bienestar económico insuperable.*

*En el año 94, cuando comenzó esta tragedia, llegué a tener 38 busetas. Y 38 busetas me daban 100 mil pesos día cada una. La caja menor mía era una cosa monstruosa: tres millones, cuatro millones de pesos día. Por lo tanto le reitero que yo no tenía necesidad de ser empleado de los Rodríguez, mi relación era de otro tipo. Yo tenía libertad en el manejo de tarjetas de crédito y me reintegraban los gastos que hacía dentro de mi costosa vida social, pero jamás tuvimos una relación laboral que estableciera mi dependencia de ellos. Es cierto que viajaba con alguna frecuencia al exterior por cuenta de ellos pero mis vínculos solamente eran de ese tipo. Yo era el hombre indicado para abrir las puertas de la clase política y esto me dio la oportunidad de convencerme de que las contribuciones generosas siempre serán bienvenidas en los sectores de mando y de poder. Pero ellos –los Rodríguez- no me pagaban un sueldo. Yo les mandaba a ellos cuentas. Yo gastaba cinco millones de pesos en atenciones, o tenía que darle unos regalos al presidente, entonces yo iba y los compraba. Les pasaba las cuentas, que eran muy grandes, y ellos me reembolsaban. De pronto me decían, mira cambia el carro, y yo cambiaba de carro; o semestralmente me decían, mira tienes 30 mil dólares para que te vayas para Europa, y me mandaban los pasajes en primera. Un día, por ejemplo, me dijeron: mira toma ese apartamento de 100 millones de pesos. Anualmente me cambiaban de carro. Siempre me cambiaban de carro. Nunca, nunca viajé con ellos. Nunca. Ellos tenían una agencia de viajes y yo pedía los pasajes allá como quisiera. Era una relación muy extraña, porque ellos no me pagaban sueldo a mí.*

*Era una relación muy fuerte. Por ejemplo yo llegaba a Cali y Miguel me mandaba un sobre de un millón de pesos. Yo llegaba a Nueva York, al Hotel Plaza, donde pagaba 300 dólares noche, y llegaba un tipo y me entregaba un sobre con 10 mil dólares; yo no sabía quién era ese tipo que me los entregaba. Simplemente llegaba y me decía, que don Miguel me dijo que le manda esto, y me lo entregaba. O cinco, o seis mil dólares. Viajaba a descansar; de placer.*

Giraldo quiere dejar claro que nunca tuvo la oportunidad de viajar en compañía de uno o los dos hermanos Rodríguez o cualquier otro de los jefes del «Cartel de Cali», pese a que, según él, ellos tenían una flotilla de aviones privados, algunos a disposición de sus amigos y políticos.

—*Aviones turboélice. Eran cuatro amigos: "Pacho", "Chepe", Miguel y Gilberto. Y tenían entre ellos unos 20 aviones. A mí me mandaban de pronto en uno, en el que mantenían champaña, whisky, lo que tú quisieras. Siempre eran aviones con cuero muy claro, beige claro, no sé por qué. Nunca se viajaba con azafata; el piloto indicaba dónde estaban las cosas.*

En esta parte de su historia suspira al remembrar ese pasado repleto de confort, de buen nivel, de alto estilo de vida. Apura un vaso de agua, se para, acaricia al gigante perro en la cabeza y le anuncia que lo va a dejar por unas horas. Sale para asistir a misa de once. Saca las gafas cuadradas del bolsillo de su camisa, se las coloca, se despide con un grito del resto de la familia y se encamina hacia la iglesia. La charla de este domingo, el ejercicio de rescate de sus recuerdos más escondidos, ha terminado por ahora.

## Capítulo XIII

# Gómez sí, Lloreda no

El siguiente encuentro ocurre en el apartamento de un colega amigo de Alberto en el centro de la capital. Es sábado y el almuerzo de la ocasión es ajiaco santafereño.

Alberto abre la polémica sobre el controvertido proyecto de reelección del presidente de Colombia Álvaro Uribe Vélez, de quien dice tener muchas reservas morales por las historias que se han escuchado sobre sus presuntos orígenes *«non santos»*, pero al que al mismo tiempo asegura admirar por su gran capacidad de trabajo y tesón para manejar la maquinaria política a su alcance. No está de acuerdo con la figura de la reelección, pero sí cree que no hay ninguna otra opción posible en el ambiente político reinante. Considera que la llegada de los hermanos Rodríguez Orejuela a estrados judiciales de Estados Unidos, puede influir decididamente en el conflicto electoral colombiano y en la propia maniobrabilidad del gobierno actual. Lo dice, no porque le conste nada al respecto, sino por lo que supone él que saben los Rodríguez sobre la manera como Pablo Escobar actuaba en la política antioqueña y nacional, cuando el capo se movía como pez en agua, en el auge de su vida pública. Es que, según Alberto, los Rodríguez pagaban a la policía para que mantuvieran monitoreado constantemente a su archienemigo del cartel antioqueno. Sus pálpitos de alguna manera fueron confirmados meses después, cuando en vísperas de su extradición a Estados Unidos, Gilberto Rodríguez diría en una entrevista radial al periodista Julio Sánchez Cristo, que se llevaba consigo decenas de casetes grabados con la voz del capo del Cartel de Medellín, al que chequeaban día y noche sin que éste lo supiera. Información que además, según el propio Rodríguez, había sido vital para el rastreo, ubicación y posterior abatimiento del capo en la terraza de una casa de Medellín. Información que los dos hermanos quisieron traducir como colaboración eficaz a la hora de reclamar beneficios jurídicos con la justicia colombiana. Gilberto Rodríguez Orejuela aseguró que fue él y no el gobierno francés, quien donó a la policía colombiana el sofisticado aparato electrónico que a las dos de la tarde del dos de diciembre de 1993, permitió escuchar perfectamente la voz de Pablo Escobar cuando hablaba vía telefónica con su hijo. La ubicación impresionantemente exacta del sitio de donde salía la voz, llevó al grupo de diez uniformados a la casa donde se escondía el Jefe del Cartel de Medellín, sorprendido sin zapatos, sin camisa, vistiendo únicamente un jean azul con los botones sin abrochar.

Años atrás, otra colaboración del "Cartel de Cali", esta vez de la mano de Santacruz Londoño, había resultado eficaz. Jorge Velásquez, conocido en el mundo delincuencial como "El Navegante", se había logrado infiltrar en las entrañas del "Cartel de Medellín", para entregar al jefe militar de la organización, Gonzalo Rodríguez Gacha, alias "El Mexicano", a un escuadrón de la policía que lo esperaba cuando el narcotraficante se desplazaba sobre el Mar Caribe, en una lancha rápida, frente a un centro turístico del departamento de Sucre.

"El Navegante" recibiría un premio de un millón de dólares de manos de sus jefes, por su contribución a la lucha del "Cartel de

Cali" contra el de Medellín. "El Mexicano" era el más sanguinario y guerrero de los jefes del "Cartel de Medellín", y su apodo lo había heredado de su fuerte inclinación por la música mexicana, en especial los mariachis y los sombreros de ese país. Llegó a ser el dueño de los tres mejores y más costosos caballos del mundo, a los que bautizó con nombres de poblaciones aztecas. También incursionó en el mundo del fútbol, siendo propietario de un tradicional equipo de fútbol profesional colombiano.

Por todos estos antecedentes, Alberto Giraldo siempre estuvo convencido de que, si decidían hablar en Estados Unidos, los Rodríguez poseían más información sobre los políticos antioqueños que sobre la misma clase dirigente y social de Cali y el Valle.

—*Lo de Cali ya lo saben los gringos hace rato...* —solía decir Giraldo cuando se le consultaba sobre las reales intenciones de los Rodríguez Orejuela en el desarrollo de su juicio en La Florida.

Pero éste no sería el tema de las grabaciones de ese día. Del almuerzo casero de esa tarde sabatina, los presentes pasaron a una taza de café, que en el caso de Alberto, hacía las veces de un aperitivo que le despertaba el hambre de hablar, de relatar, de conversar, de recordar. Y viene a su memoria uno de los seres a quien Alberto más cariño le profesó y más admiró en la política: Álvaro Gómez Hurtado. Giraldo lo describía como uno de los personajes colombianos con el mejor arsenal de ideas y como un prodigioso generador de programas políticos.

—*En 1986 cuando era candidato único del partido conservador frente al doctor Virgilio Barco Vargas, me tocó viajar con Gómez a Medellín, en una gira política. Él iba acompañado de los doctores Carlos Martínez Simahan y Carlos Holguín Sardi quienes figuraban como sus jefes de debate...Durante el vuelo se mostró interesado en conocer la historia de Gilberto Rodríguez y yo se la conté a grandes rasgos. Me dijo que el tema del narcotráfico era el de más difícil solución por las implicaciones sociales. ¡Cómo haces para decirle a un campesino que si siembra una libra de yuca se gana dos pesos, y si siembra una libra de marihuana se gana cien! ¿Cómo haces tú? Ahora, ¿cómo haces tú para decirle a un tipo que no exporte eso, cuando ya está procesado? Y prosiguió explicando que detestaba esa vaina del comercio de la droga... Y no se atrevió a condenar al raspachín trashumante ni al pequeño aparcero que sembraba la coca para sostener su familia. Detestaba el comercio masivo de los grandes narcotraficantes, pero se hacía una pregunta que me dejó intrigado: ¿Y qué se puede hacer para que ese dinero mal habido le preste un servicio a las soluciones de los conflictos sociales y al desarrollo económico? Y a continuación agregó: cuando ya la plata está en Estados Unidos, y esas dos libras te producen mil dólares, ¿cómo te opones a que llegue esa plata a Colombia para que produzca riqueza?*

Alberto reflexiona con un trago corto que saborea apretando los labios, y replica:

—*Ojo, óyeme el proceso tan verraco que el tipo me decía. Entonces yo, que me había ofrecido para proponerle una contribución a su campaña, en nombre de los hermanos Rodríguez, le dije: Doctor Gómez, estos señores que siempre han contribuido a las campañas políticas quieren dejar en su tesorería 10 millones de pesos, ¿cómo hago para hacérselos llegar? Y él me contestó: «Tú sabes que yo no manejo dinero, ni lo recibo; entiéndete con el doctor Hernán Belz quien es el gerente de la campaña»...*

Giraldo concluye:

*—Yo le di plata a Álvaro Gómez, de los Rodríguez. En el año 86 le entregué 10 millones de pesos. En el año 90, Gabriel Melo Guevara, me recibió 30. Y yo no sé si después recibió más... Esta colaboración se repitió para la campaña electoral de la Asamblea Constituyente de 1991 cuando el M-19 y el Movimiento Nacional superaron en votos al partido Liberal que estaba representado en el doctor Horacio Serpa.*

Alberto Giraldo aún sigue sorprendiéndose con los hechos insólitos que descubre en su propia memoria.

*—A mí me telefonean el martes diez de abril del año 95, y me dicen: «hermano le van a dictar auto de detención a usted, a Eduardo Mestre y otros más por lo de los «narcocasetes». Me avisaron un día antes. Y me explicaron que había una investigación que yo no sabía que existía contra mí, porque nunca fui llamado a descargos o a dar una declaración. Nada. Me llaman el diez de abril del 95 a avisarme que me van a detener, y yo llamo a Miguel; él me dice que sí, que también lo sabe, que hay algo; me dice que me vaya para donde él. Así lo hice. Efectivamente, se destapó el mierdero ese con la detención del pobre Eduardo Mestre y otros más. Voy y me refugio en la casa de Miguel, que era al fin y al cabo quien manejaba todo. Vivíamos en una casa a 30 metros de Germán Villegas; la seguridad de Villegas era la seguridad de Miguel, porque Germán había sido amigo de ellos toda la vida. Germán nunca hizo una campaña política cuando no fuera con la simpatía de los Rodríguez. Germán Villegas era gobernador, y yo me fui a refugiar en la casa de los Rodríguez; la policía del gobernador nos cuidaba a nosotros.*

*Para serte franco, en todo este proceso de contribuciones económicas de los Rodríguez a la clase política, sólo encontré una persona que resistió las tentaciones del dinero. En Cali, liberales y conservadores, comunistas e independientes, todos con excepción de un tipo, todos eran financiados por los Rodríguez. Todos, desde el año 75 o 76.*

Giraldo se para del sillón y da unos pasos en la sala del apartamento. Da media vuelta y pide que lo escuchen con detenimiento:

—*El único que no aceptó recibir fue el doctor Rodrigo Lloreda.*

Y explica por qué:

—*En el año de 1990, cuando él era candidato presidencial del partido conservador frente a Gaviria, fui y le dije, siendo muy amigo de él: Rodrigo mira, ¿qué quieres de los hermanos Rodríguez? Él me dijo que nada. Y me explicó que había muchas fotos suyas con los Rodríguez, de cuando fue gobernador y ministro y tenía que participar en reuniones del América, pero me reiteró categóricamente que no quería nada. Le insistí, y le dije por segunda vez, mira que si tu quieres tanta plata... y él siguió diciendo que no. Fue el único. De resto, todos.*

Las grabaciones se suspenden hacia las cinco de la tarde. Arrecia un inesperado aguacero y Alberto cree que el agua puede afectar su salud que, sin embargo, parece muy buena, casi que envidiable.

—*Hermano, me voy, me voy ya* —sentencia.

Golpea la taza de café sobre una mesa de vidrio en la sala de ese apartamento, se levanta y sin vacilación alguna camina hacia la puerta principal, como para no dar tiempo a que sus acompañantes le insistan para que se quede otro rato y siga fascinando con sus charlas. No permite que nadie lo lleve hasta su casa. Termina su encuentro con la promesa de que la próxima cita será el lunes siguiente.

—*Pero en mi casa,* —aclara.

## Capítulo XIV

# Santiago Medina, el que diseñó

El lunes siguiente Alberto incumplió la cita del almuerzo en su casa. Como siempre, tenía una invitación pendiente que había olvidado mencionar, el sábado anterior. Es que «El Loco» siempre tenía una invitación pendiente. Sus amigos cercanos aseguran que después de salir de la cárcel, Alberto nunca pagó de su bolsillo un almuerzo en un restaurante. No porque su generosidad no se lo permitiera, no, sino porque siempre era el invitado central del evento, la estrella, el protagonista. El amigo al que hay que escuchar hablar, narrar, contar algo.

Alberto siempre tenía una historia inédita para relatar, un chisme nuevo, una noticia de último minuto, una predicción de la política. Vivía enterado del acontecer. Muy bien enterado. En sus últimos años almorzó, bebió, cenó y compartió horas de intercambio de datos con gente del gobierno y con personajes cercanos al poder político y el poder oficial del momento. Manejaba información recién salida del horno, relacionada con la negociación de los paras en Santa Fe de Ralito, del proceso de los Rodríguez en Estados Unidos, del futuro del Congreso, de alianzas partidistas. No en vano seguía en contacto con amigos de vieja data, con dirigentes ex convictos que regresaron al poder después de una década, con ex ministros, con directores de medios, con líderes de izquierda o de derecha, y hasta con ex reinas de belleza. Su hijo Santiago, el ser que le heredó sus maneras, su forma de caminar, sus canas, su espíritu bohemio y hasta su ropa, diría, años más tarde, que, después de la cárcel, a su papá lo que más lo aterraban eran dos cosas: una, tener un chisme fresco recién escuchado en algún almuerzo o cóctel y no poder contarlo, o no tener a quien contárselo. Y dos, saber que alguien tenía un chisme guardado y no se lo contaba de inmediato. Chismes nacionales, o de las páginas sociales de las revistas, de la política, del periodismo o del Gobierno. Ni su entorno familiar se salvaba de esa manía de querer enterarse de pequeñas cosas para después contarlas a su esposa, a un sobrino o un hijo.

—*Jueputa, que vaina tan verraca*, —decía y se rascaba la cabeza antes de tomar el celular para llamar a un colega o amigo y así comenzar a darle circulación a la buena o mala nueva.

Se excusó del incumpliendo del almuerzo del lunes. Almorzó con uno de sus asiduos amigos de los últimos años, Carlos Alonso Lucio, a quien había conocido en la cárcel, cuando ambos coincidieron por razones distintas. Entonces pidió que la reunión se hiciera ese mismo lunes pero en la noche.

El tema para grabar sería el de Santiago Medina, el hombre considerado el origen mismo del proceso judicial que se abrió por la financiación de la campaña presidencial. Como tesorero de la misma, Medina fue el primer preso ilustre de la ofensiva judicial de la Fiscalía, luego de ponerse al descubierto la existencia de un cheque por 40 millones de pesos, girado desde una de las cuentas de una empresa considerada de fachada del Cartel de Cali. Hasta antes de su detención, el conocido diseñador había negado en declaraciones espontáneas ante fiscales sin rostro, todas las afirmaciones que ya circulaban vinculando al candidato Samper, o a sus colaboradores inmediatos, con la recepción de los llamados «dineros calientes». Pero una serie de eventos desafortunados, malos entendidos y promesas incumplidas, darían al traste con las sólidas intenciones de Medina de mantener a salvo el prestigio del gobierno liberal ya posesionado. Medina estalló en mil pedazos, y en mil pedazos comenzaron a estallar también los secretos guardados. Una vez preso, en la cárcel Modelo de Bogotá se encontraría con otros protagonistas del mismo capítulo que, sin embargo, se hallaban apostados en la orilla opuesta. En el lado contrario al suyo. Y uno de ellos resultó ser Alberto Giraldo. Pero pese a nadar en corrientes contrarias, Medina y «El Loco» tejieron una cálida amistad que le permitió al periodista conocerlo de manera lo suficientemente cercana como para hablar de él, sin temor a equivocaciones.

La noche, en la que, en su casa del norte de Bogotá, reinició el ciclo de conversaciones, Alberto tenía puesta una pijama de un solo tono claro, y pantuflas de paño. Se apoderó del sillón de siempre y estiró las piernas, casi hasta tocar una mesa de vidrio en la que reposa una fotografía suya a color, de sus años de esplendor, impecablemente vestido de saco y corbata de color azul cielo.

—*Corbata conservadora,* —solía explicar cada vez que alguien le indagaba por la foto.

—*El día que muera, que no me pongan una corbata roja, que me vistan con esta azul conservadora,* —pedía con gracia cada vez que, como aquella noche, oficiaba de anfitrión en su casa.

Antes de iniciar el relato sobre el tesorero de la campaña presidencial, pide permiso para hacer una recopilación de datos inéditos que, según él, necesariamente deben conocerse primero, para que quede bien claro la ironía que rodeó la aparición de Medina en el escándalo político-judicial.

—*Esta sí es una historia bella; es que ésta sí es una historia la hijueputa, escúchenla:*

*Santiago Medina se decepciona del presidente Samper, porque como candidato le ofreció la embajada en España, pero ya electo presidente, Samper decidió que España fuera una de sus principales misiones diplomáticas, máxime cuando ya tenía encima la persecución de los norteamericanos; y quiso apropiarse de las embajadas europeas, especialmente España, Francia, Alemania e Inglaterra. Entonces le cambia a Santiago la embajada de España por la de Italia.*

*Santiago sabía que ya no iba a ser ministro. Pero era un hombre muy rico, considerado el arbitro de la elegancia y la decoración en Colombia; además, había estudiado administración de empresas en España, graduándose allí, de hecho cuando regresó fue que comenzó en Colombia su vida de anticuario y decorador; entonces le cambiaron España por Italia y le dijeron que tranquilo, que allá era la cuna del Renacimiento, que estaba Florencia, Génova, Rímini todas las grandes ciudades y que la cultura de allá era impresionante y que ese era el sitio lógico para él. Y aceptó...*

*Pero a medida que esto pasaba y crecía el escándalo del ocho mil, Santiago veía que lo estaban desplazando de los afectos presidenciales. Porque naturalmente todo estaba confluyendo hacia quien se había levantado la plata. Entonces ya el escándalo crecía mucho. Y un día el presidente alcanzó a negociar con él, pero ya no la embajada de Italia, sino la embajada en Grecia. Y también con el mismo pretexto: que Grecia había sido la cuna de la cultura, de la democracia, que estaba la Acrópolis, que tal, y que todavía era el mundo de la gran cultura antigua. Y, aún así, Santiago aceptó...*

*Entonces el canciller Rodrigo Pardo llegó a la conclusión de que no podía nombrarlo embajador en Grecia, en Atenas, con la teoría de que por todos era sabido el hecho que Santiago tenía una vida sexual invertida. Pues el canciller dijo que resultaba por lo menos un despropósito enviar a un embajador que no iba a tener esposa, sino esposo...*

*Y ese fue el punto de ruptura. Santiago se sintió desairado. Desprotegido. Y ahí fue donde Santiago comenzó la búsqueda de un acuerdo con el fiscal Valdivieso. Y dio la extraña coincidencia de que una hermana de Luis Carlos Galán Sarmiento, prima hermana del fiscal Valdivieso, estaba casada con el hermano mayor de Santiago Medina. Y lo más coincidente era que vivían en la misma cuadra. Entonces el hermano mayor de Santiago empezó a buscar contacto con el fiscal Alfonso Valdivieso, y en casa de la esposa del hermano de Santiago se hicieron las primeras reuniones entre Santiago y el fiscal. Reuniones familiares, porque, ¿cómo no iba a ir el fiscal a la casa de su prima, la hermana de Luis Carlos Galán, el patriarca y apóstol y mártir del partido liberal y de la moral pública? Entonces no fue una, sino varias veces.*

*Según me lo contó a mí el señor Santiago Medina, en los días de la reclusión en la Modelo, el fiscal se comprometió a dos cosas: una, a absolverlo; y dos a no dejarlo pisar una cárcel, o por lo menos no mantenerlo en una cárcel. Y en esas condiciones fue que el tipo ya tenía abiertas las puertas de la fiscalía cuando se produjo todo el escándalo. Por eso es que cuando Santiago se sintió no protegido por el gobierno Samper, pues buscó la protección del señor Valdivieso, que al fin y al cabo tenía alguna familiaridad con él a través de su hermano.*

*Y se entregó, produciéndose así la ruptura. En ese momento, el presidente y Serpa le mandan a Medina al jefe del DAS, para que le hablara. Pero ya el tipo había roto definitivamente con el gobierno.*

*Hay algo más. A raíz de todo este episodio, el hermano de Santiago y esposo de la señora Galán Sarmiento, empezaron a tener dificultades conyugales. ¿Por qué razón? Pues, porque el marido de la señora Galán, el hermano de Santiago, empezó a beber demasiado y naturalmente eso creó complicaciones internas en la familia.*

*Santiago era un hombre muy rico, porque era descendiente de los terratenientes boyacenses; el abuelo de Santiago le regaló a la Nación los terrenos donde hoy funciona la Siderúrgica de Boyacá. Todo eso era del abuelo materno de Santiago. Y él, dentro de lo que había heredado, tenía 245 hectáreas del único monumento nacional, el «Pantano de Vargas». Todo eso era de él. Para evitar toda esa tragedia de que le extinguieran sus tierras y sus propiedades, Santiago y sus hermanas le entregaron el dominio de esas propiedades al hermano mayor de Santiago. Y en esas, ocurre la muerte de la mamá de Santiago. Hacen la repartición, y naturalmente el hermano de Santiago, que no tenía ningún conflicto con la justicia, y que además era del círculo del fiscal Valdivieso, quedó de albacea. Y como además estaba bebiendo mucho, la hermana de Luis Carlos Galán, su esposa, pidió la separación de cuerpos y de bienes. La señora Galán obtuvo a través de su primo el fiscal, una sentencia de la justicia que la hizo acreedora al cincuenta por ciento de los bienes...*

Giraldo conoció muchos detalles de la vida personal de Santiago Medina por boca del mismo anticuario, en la cárcel. Y nunca se trataron o se sintieron como enemigos. Al contrario, alimentaron una relación que de tiempo atrás ya era cordial, y que se fue fortaleciendo en el plan de compañeros de desgracia. Cada uno, por su lado, decidió arreglar sus líos con la justicia, y a su manera.

Santiago prefirió hacerlo colaborando con los fiscales. Alberto Giraldo insiste en que Medina se metió en la política, pero no por necesidades económicas. Como bien lo demuestra el relato de la herencia, había nacido con el dinero en la cuna, y su éxito profesional como anticuario y diseñador cotizado, le ayudaron a convertirlo en fortuna. Recuerda, como si no hubieran pasado diez años sino unos pocos días, la noche de un jueves en que Medina llegó a la cárcel:

*—A mí me toca recibirlo. Naturalmente, llegó en saco y corbata, muy elegante. Lo que hago es entregarle una sudadera, como habían hecho conmigo cuando entré a prisión. Y naturalmente Iván Urdinola, que era el anfitrión interno, lo recibió también. Pero no con champgne "Crystal", sino con "Dom Perignon"; destapa seis botellas y luego manda a preparar una comida muy agradable; terminamos con whisky Buchanans, por supuesto 18 años.*

*Como a las nueve de la noche, ya la gente se fue retirando y yo me quedé hablando con Santiago de todas estas cosas. Yo había sido muy buen amigo de Santiago, le debía muchos favores porque inclusive él fue decorador de un apartamento mío, me lo hizo casi al costo, no me cobró nada. Y entonces me dice: «Alberto, voy a hablar mañana a la Fiscalía». Le contesté: ¡hermano mío, ¿cómo así?! Dijo, «sí, yo tengo arreglado esto con Alfonso, el fiscal». Me echó la historia, diciéndome: «mira, yo a este gobierno no le debo nada; y le había dicho a Ernesto y le dije a Horacio, si a mí me llevan a la Fiscalía, con la primera escala que pise de la Fiscalía, rompo la solidaridad con ustedes».*

*De inmediato llamé a Eduardo Dávila y subimos a la celda. Naturalmente volvió a revolucionarse el piso nuestro, ahí en alta seguridad de la Modelo. Iván salió y le dijo: «mire Santiago, no sea pendejo, no sea guevón, ¿cómo va a hacer esa vaina? Usted no puede hacer eso.*

Giraldo cree que nadie esa noche habría podido convencer a Medina de lo contrario, pues se le veía muy decidido. A tal punto que les recordó que, inclusive, ya no tenía abogado; hasta esa noche había sido el penalista Ernesto Amézquita, presidente de un gremio de abogados independientes, y quien siempre había sobresalido, ante los medios, como defensor de Derechos Humanos y activistas de izquierda. Por eso, su aparición como abogado del anticuario había causado cierta sorpresa. Sin embargo, ofició más como asesor en los primeros impulsos del proceso jurídico, que como defensor. De hecho, no alcanzó a ser su defensor, pues Medina requirió de sus servicios sólo una vez, cuando lo acompañó a la Fiscalía a una citación como testigo, no como sindicado. En aquella ocasión, ante un fiscal sin rostro que lo escuchó en una oficina vieja de un edificio viejo del centro de Bogotá, Medina diría que nada raro había pasado en la recepción de dineros de la campaña, y que las cuentas estaban más que claras y ajustadas a los topes legales. Después, luego de sentirse traicionado por el gobierno de Samper, Medina llegaría a la conclusión de que Ernesto Amézquita no oficiaba como su abogado personal, sino como un espía del mismo gobierno que lo envió con la clara intención de manipular su testimonio en favor de la campaña.

Y eso fue exactamente lo que esa noche en la cárcel Modelo le reafirmaría a Giraldo, cuando le notificó su decisión inapelable de prender el ventilador del «Ocho mil». Según Giraldo, Santiago le dijo:

—*Mandé a Ernesto Amézquita para Cali, porque Ernesto es un infiltrado de Horacio en mi organización. Horacio me puso a Ernesto Amézquita y ese hombre no está haciendo nada por mí, sino por el Gobierno. Entonces yo voy a ir mañana a la Fiscalía, sin abogado, que me pongan un abogado de oficio.*

Giraldo acompañó a Medina hasta tarde esa noche y descubriría con sorpresa, que los documentos sobre los gastos de la campaña habían «resucitado». Según tenía entendido, varios ejecutivos de la campaña habían quemado todos los documentos en una casa del norte de Bogotá luego de enterarse de la existencia de los narcocasetes.

—*Y estuvimos con él, como hasta la medianoche, cuando nos obligaron a acostarnos. Entiendo que a Santiago lo sacaron todavía de madrugada; se lo llevaron para entregarle las maletas donde estaba toda la documentación que había sido recopilada por la DEA, de todos los archivos de la campaña, de la totalidad de los documentos. A pesar de que se habían quemado supuestamente el 20 de junio de 1994, reaparecieron en 1995, en tres maletas que llevó Santiago, entregadas por la DEA.*

*A las siete de la mañana comenzó su indagatoria, y lo primero que hicieron fue conseguirle un abogado de oficio. Y es ahí donde se prende el ventilador...*

Alberto Giraldo pone pausa a su memoria para ir al baño y luego a la cocina de donde sale con un vaso de agua. Sonriente, como liviano por la historia que acaba de descargar de su pasado, reflexiona cómodamente sentado de nuevo en el sillón.

—*Para que veas tú cómo son de pequeñas las cosas históricas. ¿De qué dependió eso? De que a Santiago no le dieran la embajada que él quería, o que le habían ofrecido y no le cumplieron...*

*Y cuando Santiago llega de nuevo a la Modelo, como a las siete de la noche, pues todos estábamos expectantes esperándolo. Ya sabíamos lo que había pasado. Yo lo esperé y le pregunté cómo le había ido, y me dijo:*

—*Estoy descansado. ¡Me tiré a este hijueputa de Ernesto!*

*Le contesté, por Dios, ¿qué has hecho? Y volvió a decirme:*

—*Cumplirles a ellos como ellos me cumplieron a mí.*

*Y después fue cuando todos comenzaron a movilizarse. Al día siguiente aparece el «Tigre Londoño», un muchacho que era hijo de un político vallecaucano, diciendo que iban a traer a Víctor Patiño Fómeque de Cali, que era muy amigo de Santiago Medina. Patiño había aportado dinero a la campaña y era muy buen amigo, era comprador de arte de Santiago, quien le había decorado algunas viviendas, casas, apartamentos, como a muchos más.*

*Y, efectivamente como a las once, llegó Patiño. Trasladado por orden de Fernando Botero, contra toda norma, por encima de todo. Cuando Fernando se dio cuenta, tomó la decisión, yo no sé si la consultaría con el presidente y con el ministro del Interior, pero el hecho fue que él tomó la decisión, y en avión militar, por encima del INPEC, por encima del ministro de Justicia, que era Néstor Humberto Martínez, quien protestó y se opuso. Llega a la cárcel y se reúne con Santiago y Urdinola.*

*Llegaron a ofrecerle hasta ocho millones de dólares para que se retractara. Eso me lo dijo Santiago. Pero Santiago les dijo: «miren, yo no puedo hacer eso; ya hablé. Si presenté una documentación, ¿cómo creen ustedes que un fiscal va a aceptar que me retracte después de haber entregado la documentación, los recibos, la cuentas, todo eso?*

*A mí me pareció de una ingenuidad inaudita por parte del doctor Botero, la manera como manejó todas las cosas. Es que Botero fue un desastre en el manejo de ese tema. Yo no sé cómo aspiraba a presidente de la República un tipo que hace semejante oso. Medina salió de nuevo el lunes y siguió declarando, contando toda la historia de lo que él sabía...*

Giraldo no cree que Medina hubiese estado en peligro mientras estuvo en la cárcel. Ni tampoco él. A pesar, según lo afirma, de estar rodeados de los bandidos más peligrosos del país en el momento, y tal vez del mundo.

—*Yo nunca me sentí inseguro, me sentí mucho más inseguro afuera* —recalca, y agrega que se vivía en cierta camaradería. — *Iván Urdinola era el dueño absoluto de todo en la cárcel. Teléfonos, los que uno quisiera; comenzaban los celulares y ya los tenían ellos. Claro, era muy aburridor, de todas formas. Especialmente cuando cerraban o abrían esas celdas, el sonido era demasiado asfixiante, lo torturaba a uno. Es un eco que le taladra el cerebro...*

Pero aprendieron a convivir todos, pese a haber pertenecido a carteles enemigos. En prisión vivieron como espectadores el desarrollo del «Proceso ocho mil», y sus momentos más álgidos, como la entrevista que Botero dio al periodista Yamid Amat, también confesándole el ingreso de los «narco dineros» a la campaña. Botero, el mismo que según Giraldo había enviado al emisario a la cárcel a convencer a Medina de que no hablara contra Samper...

Giraldo recuerda que vieron la entrevista por televisión en compañía de Santiago Medina en la cárcel. Botero ya estaba en prisión, pero gozaba de ciertos privilegios que le permitieron acomodarse en una buena habitación de las casas fiscales de una guarnición militar al norte de Bogotá. Al fin y al cabo, había llegado a ese encarcelamiento después de dejar el cargo de Ministro de Defensa. Sus subalternos militares habían pasado a convertirse en sus carceleros.

—*Botero actuó ingenuamente. Tan ingenuamente que se dejó «engatuzar» de los Santos, que le dijeron que hablara y quedaría bien ante la opinión pública colombiana y así podía seguir operando en la política,* —afirma «El Loco».

## Capítulo XV

# «El Alacrán» pica a Botero

Giraldo se encontraría con Botero cuando ambos ya disfrutaban de la libertad y después de haber salido de prisión. Al igual que el recordado encuentro con Samper, a Botero se lo encontró en un restaurante, pero en este caso en el norte de Bogotá. El saludo fue cordial y muy corto.

—*Las relaciones de Botero conmigo fueron muy buenas siempre, y no nos dijimos nada más que el saludo ese día. No tengo yo nada que sentir de él. Botero era un hombre de buenas maneras, de maneras muy exquisitas.*

Pero pese a esas muy buenas opiniones que Giraldo expresa del ex ministro Botero, no deja de pensar en los tropiezos del joven político cuando intentó caminar en el ya enlodado piso del escándalo. Y recuerda, en especial, el día en que junto al Ministro del Interior, Horacio Serpa Uribe, concede una rueda de prensa para desacreditar las confesiones que Santiago Medina acababa de hacer ante la Fiscalía. En esa oportunidad, los dos funcionarios del gobierno exhibieron apartes de la indagatoria del principal testigo de cargo contra el presidente, sin saber explicar de qué manera obtuvieron una pieza procesal que a todas luces era de carácter reservado y no podía ventilarse públicamente.

Después se conocería que un hombre, jamás identificado, irrumpió en horas nocturnas en la sede de la Fiscalía, para hacerse de la pieza clave en la investigación penal.

Y Giraldo también tiene recuerdos de ese episodio:

*—Como consecuencia de la declaración de Medina, el delegado de la Procuraduría redacta un memorando que se lo manda al presidente, quien convoca al gabinete para decidir que se haga la rueda de prensa; allí se produce la segunda «embarrada» de Botero.*

Para Giraldo siempre fue claro que Botero no estaba preparado para el acontecimiento que significó el narco escándalo político. Asegura que pese a haber egresado de la Universidad de Harvard, con toda la preparación que tenía, le faltó dimensión. Es que, según las palabras de Giraldo, Botero ya había dado muestras de su torpeza, con la entrega de uno de los presuntos jefes del "Cartel de Cali" más buscados por las autoridades.

*—Cuando se le entrega «El Alacrán», llama al ministro al teléfono privado de su casa; Botero le dice que lo espere y lo manda al Cantón Norte del Ejército; allí lo recibe, un domingo a las ocho de la noche.*

Después de la entrega de «El Alacrán», cuyo nombre es Henry Loaiza Ceballos, vendrían otros supuestos jefes, que también aparecían en los carteles de «Se Busca» distribuidos por el gobierno en todo el país. Algunos se entregaron en Cali, otros lo hicieron en Bogotá, como «El Alacrán» y Víctor Patiño Fómeque. Éste último, pagaría cárcel durante varios años, y luego volvería a ser recapturado en un hotel de la capital del país, desde donde fue enviado a una prisión de máxima seguridad de la Florida, Estados Unidos. Allí, una vez protegida su familia, revelaría a las autoridades mayores detalles de la presencia de dineros del narcotráfico en la política colombiana y algunas altas esferas de la sociedad.

Los capos se entregaron al gobierno del presidente Samper, y éste le sacó jugosos dividendos políticos, pues tuvo cómo mostrarle al mundo que en Colombia sí se atacaba el narcotráfico y que él, el Presidente de la República, era el líder de la cacería más grande a los carteles de la droga. De hecho, convirtió al director de la Policía Nacional, general Rosso José Serrano, en el «mejor policía del mundo». Pero para Alberto Giraldo, éste era un rótulo inmerecido para el general, pues aseguraba saber algunos secretos que lo relacionaban con dudosas actividades cuando fue Director Antinarcóticos de la institución. Eso sí, negó tajantemente que el oficial hubiera recibido sobornos de los hermanos Rodríguez Orejuela.

Pero la entrega masiva de los capos no funcionó para ninguno de ellos, a juzgar por el desenlace que el destino les tenía preparado: condenas de 30 años, muerte en la cárcel; asesinato en las calles; extradición a Estados Unidos y el aniquilamiento completo de sus emporios económicos.

*—Yo creo que hubieran tenido una buena negociación, de no haber sido por la persistencia del señor Frechet, que fue el martirio más insolente contra el gobierno colombiano…*

Giraldo, asegura esto haciendo referencia a Michael Frechet, el entonces embajador de Estados Unidos en Colombia, a la postre el más acérrimo persecutor del presidente Samper y de los hermanos Rodríguez Orejuela.

En alguna oportunidad, durante un evento en una universidad de Bogotá, el polémico diplomático llegó a asegurar que su gobierno no iba a descansar hasta no ver en cárceles de su país a los dos hermanos. «Así estén ancianos», recalcó. Sus palabras harían eco, años más tarde.

## Capítulo XVI

# Los capos en la cárcel

Además de Urdinola, el gran anfitrión de la cárcel, el dueño de la cárcel como lo definió el mismo Giraldo, también compartió piso en el nivel tres del pabellón de máxima seguridad de la cárcel Modelo, con otro personaje considerado fuera de serie: *«El Alacrán»*.

—*«El Alacrán» es un hombre de una inteligencia descomunal; astuto. A pesar de todo lo delincuente que era, como persona, era otro ser. Él llega a la Modelo y lo primero que dice es que necesita aprender a leer y a escribir...*

*Imagínese, un tipo que tenía en ese momento unas 500 mil hectáreas de tierra, un ejército privado de 2 mil hombres, que figuraba entre los grandes multimillonarios del país...*

*Es que, era tan fuerte su poder que se dio el lujo de entregarse ante un ministro de Estado; un tipo a quien el ministro de Defensa le hace ese homenaje de abrirle una guarnición militar para que se entregue. Un ser así, que dice que no sabe leer ni escribir, y nos dice que era un pobre campesino de «Primavera» en el Norte del Valle, que se fue para Putumayo a los doce años a trabajar. Pero era el dueño, desde Roldanillo hasta las costas del Chocó...*

*Con nosotros estaba Luis Fernando Murcillo, que había sido secretario técnico de un ministerio; era un profesional que tenía un muy alto calibre, y él se ofreció para enseñarle a leer y a escribir a «El Alacrán». Empezaron con cuadernos, lápices, borradores, todo, como si fuera para un muchacho de primer año. A las dos semanas el tipo ya estaba en cuarto grado, había aprendido a leer y escribir, más o menos correctamente. Luego, en la cárcel le permitieron el ingreso de una profesora, una señora de edad con la que estuvo tres meses, cuando ya el tipo estaba perfecto.*

*Después dijo que quería ser ingeniero de sistemas. Y en seis meses ya tenía una microempresa dentro de la cárcel. Es un genio. Pero él nos decía que se «embazucaba» para sus operativos. Y era muy devoto, muy devoto, era un católico practicante. En su celda levantó todo un altar con santos y vírgenes alumbradas con velones de todos los tamaños. Pero lo más bonito de él era que tenía tres fechas que le significaban mucho: la Navidad, el Día de la Madre y el Día de los Niños. En esas tres fechas le llegaban a él, a la Modelo, entre cuatro y cinco mil cartas agradeciéndole los regalos que mandaba. Por ejemplo, para el Día de los Niños enviaba siete volquetas cargadas todas de juguetes y de dulces, a los municipios del Norte del Valle que controlaba. Él se jactaba que, en ese sector, no había un niño que no tuviera una bicicleta y balón, ni niñas que no tuvieran su muñeca. Y a todas las señoras les daba una maquinita de cocer...*

*A mí me tocó ver las cartas que le mandaban. Como distracción, él nos repartía las cartas y seleccionábamos las más bonitas; entonces premiaba esas.*

*«El Alacrán» era un tipo rarísimo, raro; gastaba mucha plata en esas cosas. Nos contó una vez la historia de una señora, Teresa, que había sido compañera de él en «Primavera»; se habían levantado juntos y el tipo nunca la olvidó porque fue su amiga de infancia. Una vez, él llegaba a Cali, y de pronto la vio arrastrándose en una avenida. Paró el carro en el que iba, preguntándole qué le*

*Henry Loaiza, «El Alacrán»*
*(Foto cortesía Revista Semana)*

*había sucedido, y ella le contó que padecía de una rara enfermedad en las piernas. «El Alacrán» la envió de una vez para Bogotá, a la Fundación Santa Fe, donde le hicieron una operación que le costó 40 millones de pesos que él pagó. Después le mandó a traer unas prótesis de Inglaterra.*

*Un tipo raro, que figura en informes de inteligencia con muchos muertos...*

Para Giraldo, la historia de «El Alacrán» es muy parecida a la de Urdinola. Hombres que llegaron a convertirse en multimillonarios sin un sólo año de estudio universitario. Únicamente por su astucia e ingenio en el mundo del hampa y la delincuencia organizada. «El Alacrán», por ejemplo, aseguró a los fiscales que su fortuna provino del hallazgo de guacas de indios, y que nunca tuvo negocios del narcotráfico. Años más tarde, sería absuelto por este delito; al contrario de otros capos, Estados Unidos nunca determinó pedirlo en extradición. La justicia colombiana lo procesó y sentenció por las muertes que se le atribuyeron a grupos de paramilitares, presuntamente bajo su mando, en dos departamentos.

## Capítulo XVII

# Las reinas «modelando»

Alberto recuerda también, con especial interés, a Víctor Patiño Fómeque, el mismo que intentó persuadir a Medina para que no abriera la boca. Apodado «El Químico», Patiño sí figuró desde un principio en los archivos policiales de Colombia y Estados Unidos, y su nombre apareció en la lista de beneficiarios de las campañas políticas. Tras entregarse voluntariamente, estuvo preso varios meses en la cárcel Modelo, donde compartió con Alberto Giraldo.

*—Víctor era un hombre supremamente complicado, con una sola virtud: le gustaban las mujeres más bellas. Le voy a decir una cosa y con eso termino por hoy: ese año, pasaron por la celda de Víctor Patiño, las dos terceras partes de las candidatas al reinado de belleza de Cartagena. La tarifa eran cinco millones de pesos. Antes de ir a Cartagena pasaban por allá...*

Víctor Patiño Fómeque recobró la libertad por pena cumplida, luego de confesar todos sus delitos, que consistían en actividades de narcotráfico hacia Estados Unidos, por más de una década. Sus revelaciones, espontáneas y voluntarias, le representaron las rebajas de pena que estaban previstas en las leyes dictadas por el gobierno del presidente César Gaviria. Muy similares a las que habían permitido la entrega, también voluntaria, de Pablo Escobar y sus secuaces, en la tristemente célebre cárcel de máxima seguridad "La Catedral" de Envigado, departamento de Antioquia.

*Víctor Patiño, el día de su entrega a las autoridades.*
*(Foto cortesía Revista Semana)*

Patiño disfrutaría poco de esa libertad. Una calurosa mañana, en el lobby de un hotel del sector de "Ciudad Salitre" de Bogotá, a pocos metros de la embajada de Estados Unidos y del búnker de la Fiscalía, caería en manos de agentes secretos que le mostraron una orden de captura en su contra con fines de extradición. Meses después, el Presidente de la República, firmaría el decreto ordenando su entrega a miembros de la DEA, quienes se lo llevaron en un avión oficial para una cárcel del sur de la Florida.

En su reclusión en Estados Unidos prendió un nuevo ventilador, contando detalles inéditos de políticos y personalidades financiadas por la mafia. También delató a quienes habían sido sus compañeros de esa empresa delincuencial. Su colaboración resultó ser tan eficaz, que obtuvo jugosas rebajas que lo dejaron prácticamente en libertad, con identidad nueva, y la posibilidad de rehacer su vida en Estados Unidos.

## Capítulo XVIII

# La vida social

A juzgar por las palabras de Alberto Giraldo, Víctor Patiño y "El Alacrán" no fueron asiduos de los Rodríguez Orejuela. Se unieron para causas muy concretas; los rostros de todos aparecieron juntos en los carteles de «Se Busca» que anunciaban las millonarias recompensas del Gobierno por su ubicación y captura.

—*Quienes resultaron ser verdaderamente cercanos a los Rodríguez Orejuela eran José Santacruz Londoño, conocido como "Chepe", y Helmer Herrera Buitrago, conocido como "Pacho". Los más allegados socialmente hablando.*

Y Alberto conoció mucho de la vida social de los Rodríguez, especialmente durante un período de tiempo en que los considerados barones de la droga sobresalían en la sociedad caleña y valluna, como prósperos y respetados hombres de negocios, que no escondían sus rostros de eventos sociales y compromisos públicos. De hecho, era muy común ver al menos a uno de ellos, en una discoteca, en un partido de fútbol, en la Feria de Cali, o en una reunión política.

Y aunque los organismos de inteligencia estadounidenses les seguían la pista y sus nombres figuraban ya como líderes de una organización dedicada al tráfico de drogas, en Colombia ninguna autoridad judicial había encontrado méritos para abrirles una investigación formal por este delito.

En esa época no clandestina de la vida de los Rodríguez y sus amigos, Alberto Giraldo tuvo la oportunidad de compartir a su lado, disfrutando del mismo ritmo frenético de las comodidades, los placeres, el poder, la elegancia y el derroche.

*—Desde el 78, ellos eran muy amigos de los políticos. Emplear el término caballeros para hablar de ellos, de pronto, suena desusado. Pero, cualquier persona que hubiera hablado con Gilberto o Miguel, tenía una sensación rarísima. Encontraba a unos tipos demasiado cálidos, cordiales, respetuosos, generosos. Pero no una generosidad excesiva sino espontánea. Entonces los políticos se sentían muy halagados con ese cortés comportamiento. Además, no eran «chabacanos», no hablaban de sus negocios, no hacían exagerada exhibición de su riqueza. Gilberto y Miguel nunca fueron ostentosos. Talvez Miguel lo era un poco en lo referente a su ropa. Gastaba mucho en su indumentaria y además su debilidad eran las marcas. Inclusive venían diseñadores de Estados Unidos a hacerle visita. Por ejemplo, un delegado de "Oscar de la Renta", o un delegado de "Gucci", o de "Versace"...*

*Un blue jean que cuesta en un almacén cien dólares, a él se lo vendían en mil, siendo el mismo. Entonces el tipo se daba el lujo de tener un delegado de esos que le traía el muestrario y todo.*

*En cambio Gilberto fue siempre una persona discreta, muy sencilla, sin tantas extravagancias. Así era con los políticos.*

*Cuando un tipo aparece siendo generoso con ellos, entonces los políticos buscan esa fuente de ayuda.*

Y, claro, si de vida social se trata, Alberto no puede dejar a un lado el espinoso tema de las mujeres; en cuestión de mujeres, el gusto sí era muy similar: las reinas.

—*Reinas departamentales, de Colombia, internacionales, lo que tú quisieras; modelos, muchas, muchas y muy buenas. Iban hasta Cali, y era suite presidencial del Hotel Intercontinental, o una de las fincas paradisíacas de él...*

Resume el periodista, antes de aclarar que:

—*En el caso de Miguel, aunque no se le podría tildar de «casanova», sí era muy buen seductor. Era un hombre cortesano, y yo creo que la vida le dio facilidades para eso, porque era muy tierno con las mujeres. Cuando él se le dedicaba a una mujer, era una cosa aterradora. Las mujeres no podían soportar semejante bombardeo de atenciones y de cortesías, hasta que por fin caían. Se enamoraban. Lo grave es que se enamoraban; no era un problema de sólo un fin de semana, sino que las viejas se enamoraban. Las conocía por televisión, en algunos casos, pero básicamente, en las ferias. Miguel era un sabio para las mujeres. La que quería, pues le ponía sobre la mesa la oferta, que en esa época podía ser un Cartier Pantera y un automóvil. Unos 30 millones por un fin de semana que luego se prolongaba, más viáticos, el regalito, etcétera,* —revela Giraldo quien se confiesa «vouyerista» y admite que una de sus grandes pasiones al lado de Miguel, era observar al capo encerrado con una muy conocida y exitosa modelo *paisa* que lo visitaba en Cali, con cierta regularidad.

## Capítulo XIX

# Peaje en «Éxtasis»

Y al tocar el tema de las ferias de Cali, Alberto se aparta un poco del asunto de las mujeres para detenerse, transitoriamente, en las populares fiestas de principio de año que acaparan la atención de todo el país, los medios de comunicación, turistas de todo el mundo y, por supuesto, de los vallunos. Las ferias son el remate de las festividades de Navidad y Año Nuevo. Las mujeres más lindas se embellecen aún más para esta ocasión. Las cabalgatas, los conciertos públicos, el festival de orquestas, las casetas de rumba y, especialmente, las corridas de toros son el plato fuerte de esta inmensa fiesta. Y, según «El Loco», que acompañó a los Rodríguez en esas correrías fiesteras, los hermanos tuvieron siempre un protagonismo especial en las ferias.

—*Tú sabes que, hasta el año 94, ellos controlaban un alto porcentaje de las ferias. No Miguel y Gilberto solamente, sino el llamado Cartel de Cali: "Pacho", "Chepe", y los dos hermanos. Los cuatro controlaban la plaza de toros; ellos compraban el 40% de los abonos para sus relaciones públicas. Eso era el boom de los toros en Cali. Ellos lo utilizaban para llevar a su gente, a quien quisieran. Miguel mantenía su propia caseta; hasta el año 94, mantuvo caseta siempre; estaba ubicada hacia el norte, cerca de*

*"Chipichape"; era la mejor. Y en el segundo piso él había construido un apartamentito donde hacía sus rumbas, velado con un vidrio oscuro, para no dejarse ver.*

Alberto recuerda de inmediato una anécdota inédita de la vida social de uno de los Rodríguez, de la que él fue testigo, cuando Miguel terminaba sus jornadas de trabajo los viernes.

—*En la única parte donde se dejaba ver Miguel, era en un sitio llamado el «Éxtasis», que figuraba como la mejor discoteca de Cali; creo que era de él. Miguel no era bebedor; se levantaba alrededor de las nueve o diez de la mañana; siempre miraba los periódicos en la cama, especialmente El País de Cali y El Tiempo de Bogotá, y no permitía que le pasaran llamadas a esa hora; veía muy poca televisión. Se levantaba y desayunaba muy sanamente, un juguito de fruta, dos "pandebonos" y poco le gustaba el café con leche; comenzaba su jornada a esa hora. Era muy trabajador: tenía en su casa, en sus épocas normales, cuando aún no había entrado a la clandestinidad, cuatro líneas telefónicas, y esas cuatro líneas le repicaban desde las nueve y media cuando comenzaba a recibir llamadas, hasta la una o una y media de la madrugada cuando terminaba su jornada. Almorzaba entre una y media y dos de la tarde. Le gustaban los langostinos, la carne y la comida valluna. En la semana hacía dos comidas con sancocho y "arroz atollado" con "champús". Al igual que su hermano Gilberto, era usuario de los medicamentos. Ambos eran hipocondríacos. Miguel metía pepas todo el día, para la gordura, para el estrés, para los riñones, etcétera. Era muy cuidadoso al vestir, y se rasuraba la cara como diez veces en el día, porque era muy cuidadoso y muy aseado. Usaba sólo un tipo de loción que era "Cartier". Eso sí, gastaba mucha plata en ropa. La selección de ropa de él era todo un rito.*

*Miguel Rodríguez Orejuela el día de su detención (Cotersía El Espectador)*

*Se ponía jean o pantalón, pero tenía que hacer «consulta familiar» para decidir qué camisa se ponía, qué medias, y todo. Y le gustaba muy poco almorzar socialmente, de pronto comer sí, pero almorzaba en familia siempre, si no tenía algo muy importante afuera.*

*Los viernes trabajaba hasta las seis, siete u ocho de la noche; a las nueve tomaba algo de aguardiente, aguardiente Blanco, y se iba para el «Éxtasis», una discoteca que queda en el centro de la ciudad de Cali. Desde 1988, hasta el 1995, esa discoteca siempre fue la de moda porque, aunque no cuento con evidencias, tengo la sensación de que Miguel poseía acciones en esa discoteca, o por lo menos los dueños eran muy amigos de él y era él prácticamente quien mandaba; tanto que tenía cuatro mesas invariablemente reservadas los viernes, disponibles para cuando llegaba con sus amigos. Yo creo que ese sitio era de él, o sino era así, ellos lo sostenían. Allí sí mantenía guardaespaldas, una seguridad muy especial alrededor de todo el sitio, sentándose con dos tipos muy discretos a su lado. Y muchos integrantes de la oligarquía caleña, al regresar de sus rumbas o comidas, viendo frente a la discoteca parqueado el automóvil de Miguel, hacían un alto en el camino e ingresaban al lugar. Algunos por saludar a «Migue» y otros por conseguir su dosis personal. A «goterear» cocaína como un verraco.*

*Y a las tres de la mañana no cabía un alma en esa discoteca, porque estaba Miguel Rodríguez allá, entonces era el rey del suministro personal. No quiero dar nombres, pero pasaban parlamentarios, representantes a la Cámara, diputados, los concejales y quienes tenían alguna figuración social o política...*

Giraldo recuerda el hecho con cierta gracia y sonríe cuando se le piden nombres de esos políticos que «le caían» a Miguel al «Éxtasis» a pedirle la dosis de la madrugada.

*—No me pongas a dar nombres, no es necesario,* —enfatiza.

## Capítulo XX

# Vicente Fernández le canta al cartel

Prefiere seguir hablando de lo que la presencia de los dos hermanos en Cali significó para la sociedad, la economía y la estabilidad social de la capital valluna y el departamento. Explica que las pocas veces que se les notaba «ostentosos», era en las fiestas familiares, en matrimonios o bautizos. Aclara que especialmente Gilberto era muy dado a las fiestas de matrimonio, además porque sus hijas todas se casaron en Cali. En cambio, las de Miguel, tuvieron que hacerlo en la cárcel, cuando su padre estaba preso. Los matrimonios en Cali eran todo un espectáculo.

—*Ese día echaban la casa por la ventana.*

Alberto Giraldo, invitado a varias de esas fiestas familiares, explica que todo comenzaba con champagne «Crystal», whisky «Buchanans» 18 años o «Chivas Reagal», los mejores licores y unos *buffets* espectaculares.

—*Artistas, los que tú quisieras. Yo conocí muchos de ellos famosos. Todos desfilaron por sus fiestas. Desde Darío Gómez hasta Vicente Fernández. O los traían o coincidían con una visita de ellos aquí; por ejemplo, a Juan Gabriel lo trajeron una vez; él siempre fue muy buen amigo de los de México y de los de acá... Darío Gómez era el ídolo de los amigos de Miguel: eso era una maravilla; y las «Hermanitas Calle»... Todo eso era normal...*

*Y orquestas, todas. Gilberto poco, porque él era más intelectual; en cambio Miguel sí traía orquestas, pero más como un servicio a la comunidad. «Las caleñas son como las flores», considerado como un himno de la capital del Valle, la composición, la pagó Miguel. Él hacía una especie de concurso anual para que saliera una canción de la feria, y la pagaba muy bien. ¿Hasta dónde va la ostentación o hasta dónde va el servicio a la comunidad, o de pronto el deseo? Pero es que ellos nunca quisieron figurar, nunca. Porque, primero, Miguel es un hombre de una timidez asombrosa. Gilberto no tanto, pues siempre vivía en sus negocios, no tenía tiempo para esas cosas. Todo artista varado, todo torero derrotado, todo futbolista lisiado. Mira lo que Miguel le hizo por ejemplo a Willington Ortiz, quien salvó sus «paticas» porque «Migue» lo mandó a operar en Estados Unidos en dos oportunidades.*

*Todas las escuelas inferiores del América las sostenía él.*

*Ellos se le entregaron muy bien a Cali, yo no sé si para bien o para mal, porque al fin y al cabo yo veía los toros desde otro lado. Yo no vivía en Cali, y no me tocó saber si cometían o no cometían desmanes. A mí me toco vivir la parte blanca...*

*Esa vaina de escoger la canción de la feria, yo no la he vuelto a ver desde 1995. Ellos estaban comprometidos siempre en la feria, en los toros, en las casetas, en la contratación de las orquestas. El mejor artista siempre venía para la caseta de Miguel, que era la más importante. Todos cobraban por su trabajo. «La niña mencha», (Margarita Rosa) por ejemplo, quien fue varias veces a cantar allá. Lo mismo que Alfonso Lisarazo, le llevaba artistas, todo su elenco...*

*Socialmente el más activo fue Miguel, porque él se reservaba el manejo con las autoridades, con los políticos, con los industriales.*

*Los hermanos Rodríguez fueron factores determinantes en el desarrollo económico. Toda empresa importante que aparecía, iba donde ellos, y generalmente obtenía financiación. Cuando en Cali comenzaba la construcción de una unidad residencial, un centro comercial o un buen edificio, los Rodríguez estaban ahí y aportaban el 25%, porque tenían demasiada liquidez. Ellos participaron en todos los proyectos grandes; estuvieron en lo de «Chipichape» que hoy es un gran centro comercial.*

*Gilberto solamente se interesó en un negocio, que fue el del Hipódromo de Cali, en donde fue socio con el doctor Adolfo Blum, padre de la senadora Claudia Blum. Para este negocio, incluso, alcanzaron a importar una tropilla de 200 caballos desde Argentina, para el hipódromo, que iba a ser el más moderno de América Latina; los industriales, con excepción de los Lloreda y los Carvajal, acudían a ellos en busca de préstamos que pagaban normalmente.*

*De hecho, ellos constituyeron una mesa de dinero muy grande, muy grande. Hasta el año 94 manejaron todas las mesas de dinero, a través de los bancos o de La Bolsa, lo que fuera, pero iba la gente y recogía y lograba mucha financiación, en un momento en que estábamos en el boom de los intereses. Eran prestamistas. Todo el sistema financiero estaba contaminado por su dinero. "Pacho" Herrera había llegado a ser dueño de una de las joyas de la corona financiera del país, la FES. El señor Lora Camacho, que era uno de los hombres más importantes en ese momento, cayó estrepitosamente porque encontraron que la FES tenía 14 mil millones de "Pacho", en el año 94.*

*Y ni se diga del Banco de Colombia. Toda la plata de los Rodríguez se manejó a través del Banco de Colombia, que en ese momento era un banco del Estado. Esa plata se movió a través de un banco del gobierno, cuyo presidente era el doctor Camilo Villaveces, nombrado por el Ministro de Hacienda y Fogafín. De ahí salió la plata para la política, porque además ese dinero era de sobregiros; era plata del Gobierno.*

Alberto Giraldo se refiere a las cuentas que la justicia colombiana llamó de "fachadas", abiertas por el "Cartel de Cali", con sus testaferros, para manejar los giros de cheques a políticos y personalidades nacionales. Cheques que determinaron las condenas de prisión dentro del «Proceso ocho mil». Cuentas todas abiertas en el Banco de Colombia, en las diferentes sucursales de Cali, y que admitían sobregiros millonarios con apenas unas horas de apertura.

La relación de esas cuentas fue entregada en Estados Unidos a la justicia de ese país, y luego a la Fiscalía colombiana, por Guillermo Alejandro Pallomari, considerado como el contador del "Cartel de Cali", y quien se entregó, bajo protección, a la justicia estadounidense.

## Capítulo XXI

# Multimillonario chofer de bus

Las historias sociales de Alberto también incluyen a uno de los grandes amigos de los Rodríguez, quien para las autoridades compartía la cúpula del "Cartel de Cali": José "Chepe" Santacruz Londoño.

—*"Chepe" era un tipo demasiado descuidado, un gran «mamador de gallo» al que le gustaba la buena vida, el trago, las amigas y disfrutar del dinero. Presentó una solicitud de ingreso al "Club Colombia" y como no le dieron la aprobación, construyó una sede idéntica a la del Club, pero con la mejor selección de obras de arte, una cosa espectacular. Pese a que no tenía una gran cultura artística, "Chepe" se asesoró muy bien...*

*Él tuvo una finca que se llamaba "La Novillera", cerca de Jamundí, y era tal su poder económico, que para la construcción de la casa y su decoración, inventó un concurso internacional de diseñadores...*

*Convocó a los más importantes arquitectos de habla hispana. El concurso lo ganó un mexicano y "Chepe" lo envió, con su mujer, durante tres meses, por Europa y el norte de África, a comprar arte. El mexicano hizo una decoración insólita, muy bonita, llenándola de afiches antiguos y con toda la alfarería del norte de África. La casa quedó hecha un espectáculo, forrada de esta manera y con alfarería marroquí y egipcia...*

*"Chepe" gastaba mucho en esas cosas. Después mandó hacer una réplica de "Casa Blanca" en el sur de Cali, que también decoró bellamente. Invirtió grandes sumas de dinero en arte; y a todo artista nuevo le daba apoyo. Era un hombre insólito; mira, el papá de él era transportador y de pronto a "Chepe" le daba la locura por manejar bus en Cali, y se montaba a manejar, como cualquier chofer, haciendo una ruta... manejando y recibiendo monedas, como cualquier parroquiano...*

*José, "Chepe" Santacruz Londoño*
*(Foto cortesía Revista Semana)*

*José Santacruz Londoño también dejó huella en los archivos de historias increíbles de la justicia colombiana. Fue capturado en un tranquilo restaurante de carnes del norte de Bogotá, y de inmediato llevado a la Cárcel de máxima seguridad de La Picota, al sur de la ciudad, donde protagonizó una de las fugas más espectaculares de las que se tenga noticia. Las autoridades creen que el ingenio usado para este cinematográfico "operativo", no ha podido ser superado por la delincuencia criolla organizada.*

Una mañana "Chepe" recibió la visita de un fiscal que lo indagó sobre temas relacionados con sus actividades en el narcotráfico. La diligencia judicial duró cuatro horas en esa ocasión, difiriéndose la continuación para otro día.

Santacruz y sus hombres aprovecharon el aplazamiento para hacer creer a las autoridades carcelarias que la diligencia con el fiscal continuaría en horas de la tarde de ese mismo día.

Entonces consiguieron un carro idéntico al del fiscal, el mismo color y vidrios oscuros; lo entraron en horas de la tarde, pero obviamente ya con el fiscal y sus escoltas falsos. Así ingresaron sin problema alguno.

Las indagatorias se realizaban en un cubículo separado por un espejo falso, de tal manera que en un lado permanecía el preso y en el otro el fiscal. Así garantizaba que el preso no pudiera ver el rostro de quien lo interrogaba. Una vez adentro, el falso fiscal con los falsos escoltas trabajaron en la demolición silenciosa del vidrio, utilizando aparatos electrónicos.

"Chepe" sólo tuvo que saltar el muro, sin el vidrio, para pasar de un lado a otro, y luego se camufló entre los falsos escoltas para abordar el carro clonado y salir sin problema a la calle como si se tratara de su propio fiscal.

Pero afuera lo esperaba la muerte. Sin explicación lógica terminó viviendo en la clandestinidad de Medellín, sede de sus archienemigos del cartel de esa ciudad. Una noche fue abatido en una calle y nada se supo de los autores del crimen.

Otro personaje del que guarda memoria Giraldo, y que también fue matriculado por los organismos de seguridad como jefe del "Cartel de Cali", es Helmer "Pacho" Herrera.

*Helmer «Pacho» Herrera*
*(Foto cortesía Revista Semana)*

*—A "Pacho" le gustaba solamente el fútbol, y vivir en sudadera o pantaloneta. Todos los días se jugaba un partido de fútbol con su guardia, que era muy grande, pues al fin y al cabo él era el verdadero objetivo de Pablo. Por matarlo a él, en una hacienda de la candelaria, mataron como unas 15 personas entre ellas un hermano de Herrera. "Pacho" estaba ahí y logró fugarse; tengo la impresión de que lo sacó la policía encapuchado en un carro; ese día había jugadores profesionales del América.*

*Tenía 35 o 37 años, y se jugaba uno o dos partidos diarios.*

*Pacho Herrera entró a la cárcel y nunca pudo recobrar la libertad, pese a haber confesado sus delitos y haberse entregado voluntariamente a las autoridades. Su sometimiento a la justicia ocurrió durante un fin de semana en el Valle, y Herrera fue recibido personalmente por el entonces director de la Policía Nacional, general Rosso José Serrano.*

*La estrategia jurídica utilizada por Herrera consistió en denunciar a su propia familia, como parte de un cartel de drogas. Así, primos y hermanos se acusaron mutuamente durante las indagatorias y esa colaboración con la justicia les permitió descuentos de años de prisión, por aquello de la "desarticulación de otras organizaciones delincuenciales".*

*Obtuvo rebajas de pena para alcanzar la libertad, pero no lo logró. Murió en su propia ley: jugando un partido de fútbol en la cancha de la cárcel de máxima seguridad donde estaba detenido. Un pistolero le hizo varios disparos a "quemarropa", delante de los asistentes al juego, los guardias y los demás jugadores. Cayó al piso sin vida, vistiendo el uniforme de su equipo de fútbol preferido.*

*Para los Rodríguez Orejuela lo más importante siempre fue el futuro de sus hijos, e impedir que terminaran metidos en los mismos negocios de ellos.*

*"Chepe" Santacruz no tuvo hijos varones, tuvo una hija que sacó tesis laureada de Harvard; vino a Colombia y trabajó en la Contraloría, pero duró muy poco porque la despidieron cuando se supo que era la hija del narcotraficante.*

*"Pacho" no tuvo hijos, que se sepa. Pero los Rodríguez sí y procuraron que estudiaran en las mejores universidades del mundo. El único aislado de la familia fue Fernando, el hijo mayor de Gilberto, quien tuvo problemas de droga y fue capturado con cocaína en un apartamento de su papá en Bogotá.*

## Capítulo XXII

# El "EME", Navarro y el cartel

Alberto cree que los Rodríguez Orejuela nunca tuvieron aspiraciones políticas. Miguel fue el más cercano a esa actividad, y esa cercanía se reforzó con el problema jurídico de su hermano en España. Poco a poco se fue entusiasmando con los políticos, consciente de que a través de ellos podía obtener una mayor cuota de poder.

*—Por eso comenzó a invitar a los políticos a Cali los fines de semana agasajándolos y comiendo con ellos. Luego se emocionó mucho con la Asamblea Nacional Constituyente del 91, y vio que a través de eso podía conseguir la abolición de la extradición, y lo logró.*

*Eso le fue abriendo las puertas y así acumuló muchas oportunidades para él y su hermano. Los dos siempre dijeron que sus hijos no tendrían derecho a estar en ese negocio, y que lo que hicieron ellos fue para que sus hijos se afianzaran en la vida y pudieran ser útiles a la sociedad. Miguel y Gilberto siempre tuvieron la secreta esperanza de que sus hijos llegasen a ser hombres muy importantes en la política colombiana y en el Estado.*

*Todos los capos tuvieron presencia importante entre la sociedad valluna, de una u otra manera. En las artes, en la construcción, en la farándula, en los deportes. .*

Giraldo vuelve a recordar, por segunda vez, que todos los políticos del Valle recibieron ayuda de los Rodríguez, por lo menos durante la época de tranquilidad social y seguridad jurídica, es decir, cuando aún sobre ninguno de ellos pesaban procesos legales.

—*Todos, hasta los comunistas,* —recalca Giraldo y agrega:

*Ellos fueron inclusive protectores del M-19. Uno de los grandes, grandes amigos de Gilberto fue Iván Marino Ospina. Cuando muere abatido el jefe guerrillero, Gilberto lloró mucho. Iván Marino fue muerto en una casa que era de Gilberto, en el barrio Los Cristales, una casa que se la entregó a Iván Marino porque lo adoraba, no sé por qué lo adoraba; no sé el origen de ese sentimiento. Supongo que fue por alguna negociación de un secuestro y el hecho es que nunca los del M-19 atentaron contra la integridad de lo que llamaban el "Cartel de Cali", porque ellos inclusive les daban cierta protección. Tuvieron mucha relación entre sí, con Iván Marino y con Otero, pero fue una relación que se dio básicamente en el Valle, no en Antioquia ni en Bogotá. Los del M-19 les ayudaron mucho en la vigilancia y el control de la familia.*

Para reafirmar sus revelaciones sobre esa cordial relación de Gilberto Rodríguez con el M-19, Giraldo trae a sus recuerdos una nueva historia que considera hermosa, pero que según él, deja al descubierto una faceta poco conocida de uno de los líderes emblemáticos del partido político de izquierda: el candidato presidencial Antonio Navarro Wolf:

—*Gilberto nació en Mariquita, Tolima y, con sus hermanos muy pobres, se fueron a vivir a Cali. La hermana mayor de Gilberto era una queridísima señora de gran sencillez... Como eran tan pobres, ella se inventó la manera de trabajar y por esas cosas de la vida, consiguió empleo con el papá de Antonio Navarro Wolf, que era un hombre rico, "rico de pueblo", dueño de la distribuidora textil de Coltejer en Cali, siendo su representante allí... La mayor de las hermanas de Gilberto, llegó a ser la secretaria del papá de Navarro. Y ese señor, según me lo contaron los Rodríguez, era un "ponquecito", un hombre de buenas maneras, buenas costumbres, excelente persona. Me cuenta Gilberto que fue muy bueno con su hermana. Tan bueno que ellos pudieron estudiar, lo poquito que estudiaron, por cuenta de su trabajo.*

Una súbita llamada telefónica interrumpe *ipso facto* la narración. Es un empresario que busca que Alberto le colabore en una asesoría. Tenían cita a las tres de esa tarde, y ya eran las tres... Le promete que lo ve en media hora, en uno de sus sitios de tertulia preferidos, el café «Oma», del Centro Internacional en Bogotá. Cuelga y prosigue con el mismo entusiasmo que traía.

—*Entonces, el señor Navarro fue muy bueno con ellos. Los Navarro, los dos hermanos, estudiaban en la Universidad del Valle; el uno Ingeniería Sanitaria, y el otro Ingeniería Civil, y como eran muy talentosos fueron escalando en el interior del M-19.*

*Esta circunstancia le fue generando al papá de los Navarro una situación muy incómoda dentro de los industriales de Medellín, que finalmente le quitaron la representación... Y el viejo, que era un patriarca, fue perdiendo poder, porque sus hijos eran guerrilleros. Entonces al acabarse la distribuidora textil, tuvo que pagar muchas deudas y terminó en la quiebra, además porque con sus recursos personales le tocó atender todos los procesos penales y jurídicos que se derivaban de la actuación de Antonio y de su hermano. Finalmente el hombre quedó pobre...*

*Al advertir Gilberto de que el padre de los Navarro había quebrado, acudió en su ayuda.*

*Cuando Antonio Navarro Wolf era Ministro de Salud, en el gobierno de Gaviria, al señor Navarro padre le apareció un cáncer, y se vino para Bogotá; le hizo tres días de antesala a su hijo, que era el ministro, y éste no lo recibió...*

*El pobre hombre se regresó para Cali desesperado, y llamó a Gilberto y le contó la historia. Gilberto le dijo: don Antonio, dígame dónde quiere que lo operen, el señor le dijo que en Ibagué, donde estaba viviendo, y Gilberto se fue y ordenó que lo operaran, y él pagó todo. Y desde ese momento le puso una pensión hasta que murió.*

Giraldo suspira al terminar la historia, y reflexiona:

—*Eso le muestra a uno la calidad de un tipo como Navarro, que es ministro de Estado y no le presta la atención a su propio padre. Este episodio lo supe porque me lo contó Gilberto y a él se lo contó el padre de Navarro, porque ellos siempre le tuvieron el mayor respeto, la mayor consideración, el mayor cariño, porque ese señor para ellos fue como un icono de la respetabilidad, de la moral y todo.*

Alberto enfatiza que el episodio debió molestar muchísimo a Gilberto, como para atreverse a contárselo tan claramente. Porque, según lo asegura, tanto Gilberto como su hermano Miguel fueron muy discretos.

—*Ellos nunca, nunca hablaron de nadie, y esa fue la razón de su éxito.*

Por eso recuerda las advertencias que, a propósito de esa discreción, siempre le hacían los dos hermanos:

—*Una de las cosas que a uno le decía Miguel, cuando estábamos en el problema político, era: «mira, de esto no se puede hablar, la mano derecha no debe saber lo que hace la izquierda»...*

## Capítulo XXIII

# Los consentidos

A propósito de la anécdota que acaba de relatar de Navarro y los vínculos de los Rodríguez con los políticos, el periodista aclara que nunca se les pidió cosas que no pudieran hacer. Y se pregunta:

—*¿Ellos qué podían esperar de la clase política?*

Y, se responde:

—*Hombre, por ejemplo lo del sometimiento a la justicia que se manejó bien, hasta que Gaviria llegó al gobierno. Ahí hubo un poquito de vanidad de ellos. Su sometimiento a la justicia, en el año 94, estuvo a punto de ser firmado, en ejercicio del fiscal De Greiff; pero ellos querían algo más. El gobierno les había ofrecido las mismas condiciones que a los Ochoa, seis años de cárcel y una prisión de máxima seguridad, pero ellos exigían seis años de cárcel y una prisión que ellos construyeran, al estilo de Pablo Escobar. Pero después de la experiencia de Pablo, era imposible que se llegara a esto.*

En esa frustrada negociación fue protagonista de primer orden el entonces Fiscal General de la Nación, Gustavo De Greiff, quien se reunió personalmente con Miguel Rodríguez Orejuela para escuchar de su propia voz los alcances del plan de entrega masiva del "Cartel de Cali".

El nombre de Gustavo De Greiff ya había sido relacionado con el de los hermanos Rodríguez Orejuela, en un documento suscrito ante el Notario 21 del Círculo de Bogotá, en la constitución de una empresa de servicios aéreos.

El documento autenticado muestra, entre otras, las firmas de De Greiff, Gilberto Rodríguez Orejuela y el periodista Alberto Giraldo López.

Giraldo atribuye parte del fracaso de la entrega de los jefes del "Cartel de Cali" a la justicia, en el 94, al entonces presidente Cesar Gaviria quien en ese momento avanzaba en su campaña para ser elegido Secretario General de la OEA.

Según Giraldo Gaviria figuró siempre en el grupo que el periodista llama "consentidos" de los Rodríguez Orejuela:

—*Eran muchos. A César Gaviria cuando fue congresista, cuando fue jefe del partido liberal, cuando fue candidato del partido liberal, le dieron apoyo; también a Rodolfo González, y a Eduardo Mestre y a casi todos los del «Proceso ocho mil». Asimismo a Carlos Holguín, con quien tuvieron muy buena relación; Holguín fue candidato a la gobernación, elegido a la alcaldía y tuvo vínculos con ellos. Es que eso no era delito; en ese momento, todos los jefes políticos pasaban por las residencias de Miguel y Gilberto.*

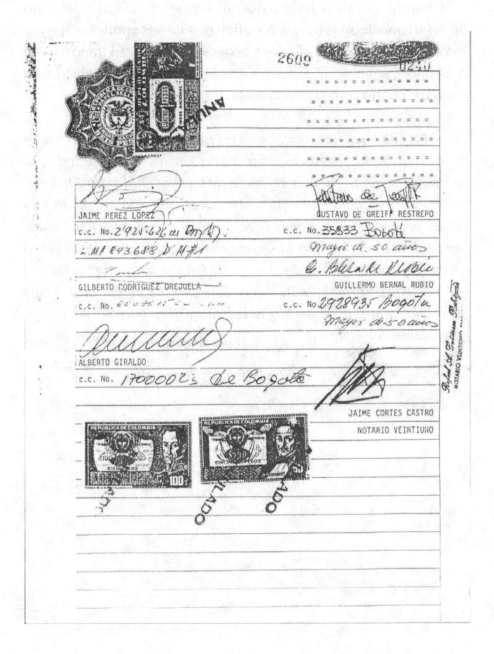

2609

JAIME PEREZ LOPEZ

c.c. No. 2'928 628 de Bogotá

c.M.1 843 688 D.M.#1

GILBERTO RODRIGUEZ OREJUELA

c.c. No.

ALBERTO GIRALDO

c.c. No. 1700002 de Bogotá

GUSTAVO DE GREIFF RESTREPO

c.c. No. 35833 Bogotá

mayor de 50 años

GUILLERMO BERNAL RUBIO

c.c. No. 2928935 Bogotá

mayor de 50 años

JAIME CORTES CASTRO

NOTARIO VEINTIUNO

Cuando Giraldo habla de políticos "consentidos", no necesariamente se refiere a beneficiarios de sus aportes o apoyos económicos. Habla de afectos y apoyos políticos. "El trapo rojo de Gilberto", solía decir Alberto Giraldo, quien siempre ubicó a su amigo Gilberto como liberal innato.

*—En 1987, un día yo estaba en el Hotel Intercontinental y como a las siete de la noche vi entrar a Luis Carlos Galán, a quien lo acababa de dejar allí una hermana de Gustavo Balcázar Monzón. Le saludé preguntándole qué iba a hacer; me dijo que nada y lo invité para el estadio, donde jugaba esa noche el América, contra un equipo argentino, por la Copa Libertadores. Lo invité al palco principal y aceptó. Nos fuimos y allá estaba todo el mundo; nos atendieron supremamente bien, la gente de la familia y nos tomamos unos tragos. Miguel estaba ahí, porque ya era el presidente del América.*

## Capítulo XXIV

# Los grandes empresarios

Del relato de Giraldo queda claro que también tuvo la oportunidad de acompañar a los Rodríguez en las épocas en que éstos incursionaban en el ámbito empresarial colombiano, especialmente Gilberto, "la voz cantante", como el mismo periodista lo llama ahora.

—*Hasta el año 1982, "la voz cantante" de los Rodríguez la llevó siempre el hermano mayor, Gilberto. Él fue el hombre que desde muy joven se enfrentó a las necesidades del hogar, particularmente a todo lo que tenía que ver con la educación de sus hermanos menores.*

Es de público conocimiento que Gilberto comenzó a trabajar de ciclista mensajero en una droguería de Cali. Y fue ahí donde el mayor de los Rodríguez comenzó a afinar su afición por el negocio de los medicamentos, lo que años más tarde se traduciría en la creación del emporio de «Drogas La Rebaja».

—*Esa relación temprana con los medicamentos, le creó la imagen de que era un negocio muy rentable. Por eso todos sus dineros y ahorros los dedicó a conseguir una farmacia, que fue la que derivó en «Drogas La Rebaja».*

*Curiosamente, así se llamó esa primera droguería, que estaba por los lados del Hotel Aristi. Entonces Gilberto siempre tuvo en los medicamentos una fuente de negocios importante, y el hecho es que en 1976 ya era un hombre que rankeaba muy fuerte en la vida empresarial colombiana.*

Del nacimiento de la amistad de Gilberto Rodríguez con Alberto Giraldo, muy poco o nada se ha dicho. Giraldo recuerda que fue gracias a un amigo común, un joven ejecutivo de apellido Forero, que buscó al periodista para comentarle que un empresario estaba interesado en la compra de una cadena de emisoras de radio. En ese momento, Alberto trabajaba en Radio Súper, propiedad de la familia Pava.

Entonces buscó a Jaime Pava, su patrón, y le dijo que había un industrial vallecaucano que necesitaba comprar las emisoras. El interesado era Gilberto Rodríguez Orejuela, y Pava le respondió que si había un buen precio, podría haber acuerdo. Forero relacionó a Giraldo con Rafael Kulzat, encargado de la promoción de la compra. Alberto relata que se hizo una primera reunión, y Jaime Pava les dio permiso, a los emisarios de Gilberto, para que vieran las emisoras y las valoraran. Era el año 1976; se convino que el valor del negocio sería de 127 millones de pesos. La negociación comenzó en Bogotá y terminó en Cali, donde debía cerrarse el negocio. Y es entonces cuando Gilberto Rodríguez Orejuela y el periodista Alberto Giraldo López se conocen. De ese episodio, Giraldo recuerda con especial agrado a Jaime Pava, de quien exalta sus virtudes de negociante:

—*Jaime Pava era un hombre muy hábil, dinámico y despierto en los negocios. En medio de la cena con la que se cerraba la operación, le dijo a Gilberto: "Mire, don Gilberto: le agradezco*

*Alberto Giraldo en Palacio Presidencial como reportero político de Radio Super.*
*(Foto del archivo familiar)*

*mucho que me haya hecho el balance de lo que valen mis emisoras, pero entienda que yo no sé hacer sino dos cosas en la vida, la política y la radiodifusión; la política no me ha producido mayores cosas, fuera de satisfacciones personales; y la radiodifusión es el negocio que yo le dejo a mis hijos; si yo vendo esta cosa, recibo mucha plata porque usted me la paga muy bien, pero yo qué hago con esa plata; entonces yo le ruego el favor de que cancelemos la discusión sobre la compra de la cadena".*

Alberto oficiaba como testigo del millonario contrato, y recuerda que el desenlace de la reunión no fue alterado, sino al contrario dentro de la mayor cordialidad, pese a que se estaba frustrando un negocio prácticamente listo.

—*Gilberto aceptó sin problema, comimos y nos despedimos.*

A Giraldo le quedó claro, después de esa frustrada negociación, que los Rodríguez estaban necesitando con cierta desesperación, un medio de comunicación radial. Entonces empezaron a comprar emisoras independientes, hasta conformar el núcleo de lo que más tarde se conocería como "Grupo Radial Colombiano". Giraldo estuvo al tanto de esta operación financiera que le reportó a los Rodríguez Orejuela la posibilidad de tener una cadena radial de alcance nacional, con una nómina de los mejores periodistas del momento, siendo su fuerte el área de los deportes. Relata que primero compraron "Unión Radio", luego "Radio Monserrate" de Bogotá, "Emisora Eldorado" y la "HJCK", entre otras. Para cada traspaso de licencia contaron con la aprobación oficial de la entonces ministra de Comunicaciones Noemí Sanín, según las resoluciones que llevan su firma. El presidente era Belisario Betancur Cuartas.

*—Ellos hacen todo legalmente, sin trampas, pues en ese momento no tenían ningún señalamiento. Betancur no tenía por qué saber nada, porque ellos hicieron la compra como cualquier ciudadano,* —explica Alberto.

El naciente "Grupo Radial Colombiano" llegó a convertirse en la cuarta empresa radial más importante del país, superada sólo por "Todelar", "Caracol" y "RCN". Curiosamente, en cuestión de meses superaría a "Súper", la misma que los Rodríguez Orejuela habían intentado comprar.

Años después, en plena guerra entre los carteles de Cali y Medellín, Pablo Escobar declararía objetivo militar al "Grupo Radial Colombiano", atacando con explosivos varias de sus estaciones, en algunas ciudades del país. Su vida empresarial expiraría al ser vendida a una congregación religiosa.

Pero no fue el único proyecto periodístico al que le apostaron los nuevos millonarios de la época. Giraldo recuerda la manera como colaboraron económicamente con una revista política, de gran aceptación en su momento.

Un domingo de abril, luego de almorzar arroz cubano en su apartamento, Giraldo decide contar la historia de la revista "Consigna", una publicación de origen liberal. Y recuerda especialmente el estado de pobreza en el que, según el, salió del gobierno el Ministro de Gobierno Carlos Lemos Simons.

*—A Lemos le cupo el honor de ser el iniciador de las relaciones diplomáticas con China. El presidente Turbay comenzó esas relaciones, a las que se había opuesto fuertemente el presidente Ospina, que era muy amigo del gobierno de Taiwan…Sin embargo,*

*Turbay sabiendo que el desarrollo de los tiempos ya no le permitían unas relaciones con Taiwan, y que había que normalizarlas con la China, decidió establecer embajada en China...*

*Carlos Lemos salió del gobierno, curiosamente bastante empobrecido porque al final de su gestión tuvo que enfrentar un proceso de separación conyugal muy costoso y buscó refugió en la dirección de la revista "Consigna", que había sido fundada por la familia Turbay... Asumió la dirección; a los pocos meses comenzó la crisis económica, porque en el país se sabe que los medios se alimentan de la publicidad, en la medida en que esos medios tengan poder...*

*La crisis económica de "Consigna" fue tan grave, que un día me llamaron para decir que la revista estaba en una mala situación, y que si no lograba financiación, la cerrarían.*

*Yo hablé con Gilberto quien, como ya he dicho, era inmensa y poderosamente liberal; no sé por qué razón era de esos tipos que alguien le salía con el trapo rojo, y él se sentía feliz...*

*—«No se preocupe que yo trataré de superar las dificultades económicas que ustedes tengan frente al déficit publicitario».*

*Y así fue. Gilberto mantuvo el respaldo a "Consigna" durante varios meses, bastantes meses. Respaldo económico concreto, ¿en qué volumen? No sé. Pero después de eso, ellos conservaron una relación que, sin ser cercana se mantuvo siempre basada en que Gilberto daba apoyo económico a los voceros de la doctrina liberal.*

Sin embargo, Giraldo deja en claro que Lemos aceptó la ayuda impulsado por su desesperada situación al salir del Gobierno y afrontar sus problemas personales.

*—Era un hombre de una honestidad supremamente transparente y pasó una crisis económica muy fuerte, porque como director cobraba un sueldo bajo...*

*Entonces Gilberto, que ya era dueño del "Grupo Radial Colombiano", le propuso a Lemos que hiciera una serie de artículos para sus emisiones noticiosas. Y se convirtió en comentarista de asuntos internacionales.*

Carlos Lemos moriría después de ocupar otros importantes cargos públicos en gobiernos posteriores, entre los que se destaca el haber sido Presidente de la República encargado, como vicepresidente de Ernesto Samper Pizano.

## Capítulo XXV

# El primer amor político

Alberto Giraldo fue un periodista político innato. Un reportero a carta cabal, sin más academia que su olfato y sangre reporteril. Su sagacidad y naturales dotes de relacionista público lo llevaron a convertirse en el periodista mejor informado del país, el de los mejores datos confirmados.

Contrario a lo que muchos creen, la amistad de Giraldo con Belisario Betancur, no nace ni se hace cuando el ex presidente ya había escalado a lo alto de la vida política. Comenzó cuando juntos compartieron la sala de redacción de un medio antioqueño. Entre los dos nació un cariño que los unió por mucho tiempo, hasta cuando Belisario alcanzó la jefatura del Estado. Fueron amigos desde el año 50, y de hecho Alberto nunca olvidó que el primer empleo de su vida se lo dió el político antioqueño, cuando fue director del periódico "La Defensa".

Entonces Betancur, con apenas 27 años de edad, ya se debatía entre la dirigencia conservadora. El periódico "La Defensa" era un vespertino de Medellín, con toda la tradición doctrinaria del partido conservador. En ese año la proyección política de Betancur ya era de tal magnitud, que le acababan de ofrecer la alcaldía de Medellín. Pero a cambio de las tentadoras propuestas para que ingresara al ejercicio de la política y la administración pública de la provincia, el futuro jefe de Estado sucumbió a las propuestas de sumergirse en las aguas del periodismo. Y fue así como aceptó la oferta de los directivos del Diario conservador "El Siglo" de Bogotá, a donde fue a parar como editorialista del periódico.

Y fue en "El Siglo" donde soltó las primeras punzadas de su ingenio, al crear junto a Bernardo Ramírez el primer suplemento literario de orientación "conservadora marxista". Un suplemento que, en medio de lo que Giraldo llamó «oprobioso derechismo conservador», se dedicó a dar a conocer a las nuevas generaciones, "el pensamiento profundo de Mao Tse Tung, en cuanto a la revolución agraria".

Alberto Giraldo se siente con suficiente autoridad para hablar como testigo de excepción de gran parte del trasegar electoral de Betancur, de su duro tránsito hacia la primera magistratura. Observador de sus derrotas iniciales y de sus triunfos finales. El relato de este pedazo de su vida comienza en octubre de 1978, después de que Belisario perdiera la presidencia frente a Julio Cesar Turbay Ayala.

Alberto fue quien relacionó a Gilberto Rodríguez Orejuela con el candidato conservador, durante un encuentro que gestiona en su casa de la calle 72 con carrera 13 de Bogotá. El anfitrión recuerda que Belisario Betancur llegó al encuentro en un pequeño automóvil particular, mientras que Gilberto Rodríguez lo hizo en un Honda, último modelo coupé, deportivo.

Ninguno de los dos se acompañó de escoltas. Rodríguez, aunque ya operaba como adinerado hombre de negocios, detestaba los guardaespaldas, y Belisario no lo consideraba necesario. A este último, sin embargo, ya le habían aconsejado usar seguridad personal, ante noticias de asesinatos y secuestros de algunos líderes políticos en Europa.

*—En Bogotá, en esa época, Gilberto nunca usó guardaespaldas. Años después se movilizó en un automóvil blindado, pero con un solo hombre acompañándolo. Es que en Cali, al final, ellos tenían un servicio de vigilancia impresionante, apoyados en por lo menos cinco mil taxistas que le prestaban el servicio de información. Cada cinco minutos, la casa donde vivían era monitoreada por hombres en moto y carros particulares. Pero cuando salían a la calle, salían manejando, o con sólo un chofer.*

El periodista asegura que Miguel también tenía sus propios carros; *Porsches, Mercedez, BMW;* más de 100 automóviles. Pero su preferido, en el que algunas veces salieron a pasear juntos, era un *Mercedez* azul coupé.

Belisario, por su parte, también era enemigo acérrimo de la escolta personal, y cree que no la usó en ninguna de las campañas políticas. Eso explicaría las razones por las que el día de la cita llegó manejando su propio carro.

Alberto aclara que fue el candidato quien le manifestó que había quedado "muy pobre" con la campaña, y que necesitaba salir de "esta crisis tan macha"...

Giraldo recuerda con precisión la solución que le ofreció de inmediato:

*—Yo le dije que tenía un amigo que podía ayudarle, pero Belisario no me creyó porque según él nadie le ayudaba a un*

*De derecha a izquiera Alberto Giraldo acompañado de otros periódistas, del Presidente de la República Belisario Betancur y el candidato presidencial Alvaro Gómez Hurtado*

*candidato derrotado, pero yo le insistí que sí, y que era un liberal.*

Belisario le preguntó el nombre de su amigo, y Giraldo le dijo que se trataba de Gilberto Rodríguez Orejuela, quien en ese momento era un absoluto desconocido en el ámbito político y apenas incursionaba en la gran empresa.

Y preparó el encuentro, tras convencer a su amigo Rodríguez. Giraldo cuenta que el saludo entre ambos personajes fue muy cordial:

—*"Don Gilberto, ¿cómo está?".*

—*"Presidente,¿cómo le va?".*

—*Yo le dije al presidente que ese era el joven inversionista del que le había hablado, y Gilberto de una vez le preguntó cómo le había ido con la campaña. Betancur le respondió que la política era algo muy duro. El anfitrión preparó huevos para el desayuno y antecedió el plato con frutas.*

*Le dio toda la ayuda. En ese momento ni era delito ni era mal visto; en esa campaña Gilberto se comprometió a dar 50 millones de pesos y creo que dio un poquito más. Unos dos o tres cheques, y el resto en efectivo,* —afirma Giraldo.

El periodista recalca que su buen amigo Belisario Betancur la recibió porque en ese momento no era delito aceptar ese tipo de contribuciones.

—*Ni siquiera en el 94. Es que eso lo convirtieron después en delito; entonces era lógico que cada candidato pudiera recibir dineros para su campaña.*

## Capítulo XXVI

# Los Rodríguez banqueros

En esa época, en su oficina de la calle 19 entre carreras 5ª y 7ª., Gilberto Rodríguez ya negociaba grandes empresas financieras, y según el relato de Alberto, a la compra de la "Caja Cooperativa de Boyacá", le siguió la adquisición de la mayoría de las acciones de la "Corporación Financiera" de ese departamento.

*—Negoció con unos hombres muy ricos, sensacionales campesinos boyacenses, paperos, los hermanos Lumpaque, dueños de la "Corporación Financiera de Boyacá". Esa fue la primera empresa que compraron los Rodríguez. Los Lumpaque, en ese momento, habían llegado a una crisis de crecimiento, pues tenían la cooperativa de paperos de Boyacá, y a pesar de ello no tenían la liquidez suficiente, y Gilberto la compró.*

Alberto aclara que al lado de Gilberto, otro hombre del naciente sector financiero con importancia era Félix Correa, con quien hizo grandes operaciones. Gilberto Rodríguez ya era un hombre muy rico, ya pesaba en el mundo financiero. Por eso, Giraldo no desperdiciaba ninguna oportunidad para relacionar al mayor de los Rodríguez con los que ya entonces surgían como los grandes cerebros del ambiente. Y fue así como le presentó a Jaime Michellsen, uno de los zares del sector.

*—Yo le dije a Jaime: mira, ¿no te interesaría conocer a un muchacho nuevo, hombre joven, emprendedor, así como tú? Le hablé de quién era Gilberto Rodríguez; le dije que era un hombre que estaba tratando de hacer empresas. Y se reunieron dos veces.*

Giraldo no recuerda haber sido testigo de negocios directos entre Gilberto Rodríguez y Jaime Michellsen, salvo algunos trámites para lograr que el «Banco de Colombia» en Panamá, recibiera algunas consignaciones.

Y recuerda que era la época en que, bajo el poder del general Noriega, Panamá se había convertido en una especie de banco de los narcos colombianos. Jaime Michellsen, pese a su inobjetable poder y prestigio, terminaría implicado en un escándalo de grandes proporciones y repercusiones, al estallar el llamado «colapso financiero» del 82, en el que él figuró como protagonista importante y terminó enredado en líos judiciales por presuntos autopréstamos a través de las empresas de su conglomerado económico.

Mientras tanto, Giraldo ya tenía más larga la cuerda para seguir actuando como relacionista en el mundo empresarial a expensas de su amigo Gilberto.

*—En ese momento Gilberto me dice que necesita un banco en Panamá, y finalmente lo adquiere, comprándoselo a un señor Ronderos que era el dueño del "Interamerican First Bank" de Panamá, y así ya fue consolidando más su poder político y económico, pues ya habían asegurado la constitución del "Grupo Radial Colombiano".*

El banco panameño sería intervenido después por presión de las autoridades de Estados Unidos. Pero este "traspiés" no frustró los planes de Rodríguez Orejuela para convertirse en un verdadero hombre de negocios de talla internacional, e incursionó en el mundo de las multinacionales.

Llegó a obtener la representación de la Chrysler en Colombia, luego de la crisis de las empresas del sector automotriz en Estados Unidos. Esto también lo logró por intermediación de Alberto Giraldo, gracias a su amistad con Germán Montoya.

El nombre de Gilberto Rodríguez fue investigado por los departamentos de Estado y de Comercio de los Estados Unidos, que lo avalaron para que asumiera la franquicia de la multinacional en Colombia. Inclusive, una comisión bajo sus órdenes, en la que participó Giraldo, viajó a Estados Unidos a entrevistarse con los altos ejecutivos de la empresa.

Durante el gobierno de Belisario Betancur Cuartas, la empresa en Colombia ganó varias licitaciones con el Estado, incluída una con la Policía Nacional que se frustró por culpa de la desaparición de trece millones y medio de dólares de una cuenta especial que el gobierno había destinado para la compra de esos vehículos. Se trató de un espectacular robo al mejor estilo de los asaltos electrónicos de ahora en internet. Pero, aquella vez se hizo a través del télex y se convirtió en el primero de este género que se conoció en el continente.

Un grupo de expertos falsificadores hizo aparecer un télex apócrifo en el Banco de la República en Bogotá, aparentemente enviado desde Europa, utilizando los códigos oficiales, logrando que el emisor desembolsara el dinero de una sub-cuenta y lo transfiriera a un banco de Nueva York. Y esa plata, según Giraldo, era el pago de la licitación para ellos; entonces les tocó negociar que la declararan desierta porque no hubo dinero para pagar.

Ya el presidente Belisario sufría las inclemencias del llamado "colapso" financiero y se vio obligado a intervenir los bancos oficiales, como el de "Estado", el "Nacional" y las corporaciones financieras.

—*De cinco millones de dólares de licencias que nosotros manejábamos, en promedio, nos bajaron a 500 mil dólares; y en un año, de 42 almacenes que teníamos de repuestos, nos redujimos a tres en Bogotá, Medellín y Cali; vino el colapso de la empresa filial de Chrysler, que se llamaba "Discor"; llegó la crisis.*

Dicha crisis también pudo haber afectado las finanzas personales de Alberto Giraldo, quien gracias a su estrecha relación con Rodríguez Orejuela, mantenía una muy buena estabilidad económica. Pero Gilberto le restó importancia y lo tranquilizó asegurándole que él asumiría todo el peso de las deudas.

Giraldo recuerda a su amigo Gilberto como un hombre que trabajaba mucho, sin horario, sin descanso, a pesar de todo el poder que acumulaba entonces. Sus negocios marchaban a todo vapor, y sus relaciones políticas mejoraban día a día. Pero querían más. Querían un banco en Colombia.

—*Entonces negociaron con la UTC el «Banco de los Trabajadores». En eso ayudó mucho Tulio Cuevas, un veteranísimo líder del sindicalismo colombiano. El banco se había fundado en el gobierno del Presidente Pastrana, en el año 70.*

*Había sido la compensación al apoyo que le habían prestado los trabajadores de la UTC a la campaña presidencial de Pastrana; pero ellos sabían de sindicatos, mas no de bancos. Y el banco comenzó a tener pérdidas en el año 1981, y en el 82, los Rodríguez lo compraron...*

A juzgar por las revelaciones de Giraldo, el negocio del banco, con Cuevas pudo haber sido el abono para la elección de Contralor General de un amigo de Rodríguez Orejuela.

*—En el año 82, ya siendo presidente el doctor Betancur, se va a elegir Contralor General de la República, y el candidato del gobierno era el doctor Jaime Castro, pero los opositores escogieron a Rodolfo González, por un voto, que fue el de Tulio Cuevas cuando era representante a la Cámara. La elección se definió por el voto de Tulio Cuevas y Rodolfo González ya era muy amigo de Gilberto...* —reafirma el periodista.

El «Banco de los Trabajadores» finalmente terminaría en manos de otro controvertido personaje de la vida pública colombiana: Rafael Forero Fetecua. Los entendidos aseguran que el negocio de venta del banco, lo hicieron los Rodríguez Orejuela, obligados por la persecución que comenzó en su contra, luego del asesinato del Ministro de Justicia Rodrigo Lara Bonilla, atribuido a Pablo Escobar Gaviria.

## Capítulo XXVII

# Los Rodríguez y el fútbol

Mientras Gilberto hacía de las suyas en el mundo financiero de Bogotá, su hermano menor, Miguel, disfrutaba, en Cali, las mieles de una de sus pasiones: el fútbol.

—*Él no se preocupaba sino de su equipo, el América, de la contratación de los futbolistas y de hablar de fútbol durante todo el día. Ya el América era suyo,* —relata «El Loco» Giraldo sin desconocer que en ese tema guarda información y recuerdos muy fragmentarios.

—*Miguel tuvo un amigo muy querido a quien siempre respetó, llamado Pepino Sangiovani, un industrial muy reconocido de Cali. En una de las crisis del fútbol le propuso a don Pepino que le iba a ayudar y le compró una acción de la sociedad; y luego más, cada vez que había una crisis, hasta que finalmente terminó enredado en el tema. Él siempre lo hizo por su amor al América. Es que Miguel le gastaba al América, hasta el año 94, más de 4 mil millones de pesos anuales, con lo que se daban el lujo de comprar toda clase de buenos jugadores. Claro, Miguel vio que la bolsa de futbolistas era muy buena y se asoció con un tipo que era muy hábil, llamado Carlos Quieto, con quien montó una empresa para comprar, vender y negociar jugadores, algo muy rentable. Mientras Gilberto estaba en Bogotá expandiendo sus negocios, Miguel en Cali se dedicaba al fútbol y a «mamar gallo».*

Giraldo cuenta que la debilidad de Gilberto era la velocidad.

*—Le fascinaba manejar a velocidades altas; siempre se sintió un gran piloto. Tenía sólo un chofer, pero más por razones de seguridad. Nunca gustó de tener chofer; él manejaba sus propios carros último modelo.*

Lo describe como muy sencillo en sus gustos por las comidas. Los platos típicos fueron sus preferidos. Aunque no podía comerlos mucho porque siempre tuvo tendencia a enfermedades extrañas. Y a pesar de que en los últimos años llevaba un régimen rigurosísimo, nunca pudo bajar de peso. «El Loco» asegura que desayunaba con «recalentao», arepa y chocolate, y que al final de sus días en prisión lo obligaban a comer cereal para su digestión.

*—Sólo después, cuando tuvo bastante dinero, cambió su manera de vestir sencilla por trajes de marca, sastres de mucho postín. No le gustaba viajar. Disfrutaba leyendo. Luego en prisión se inclinó por las lecturas prácticas en Economía, a pesar de que no tuvo educación. Hizo primaria y cursó hasta tercero de bachillerato, pero no lo terminó. Se graduó en la cárcel en la carrera de Filosofía, con muy buenas calificaciones, de la Universidad Santo Tomás.*

En esa misma época, ya con bastante dinero, Gilberto y Miguel mostraron su faceta cultural con la compra de arte de muy buena calidad. Alberto desempolva una anécdota de Miguel, que demuestra, según el periodista, la buena suerte que en ese momento tenían estos personajes:

*Entre las muchas virtudes que tuvo Miguel fue la de ser muy buen amigo de sus amigos. Un buen día, alguien le dijo que el maestro Obregón necesitaba una platica, y que si él se la podía prestar; Miguel le dijo que claro que no había ningún problema, que le dijeran al maestro que lo llamara. El maestro llamó a Miguel; le dijo que estaba en una situación muy mala y que necesitaba 30 millones de pesos. Miguel se los mandó, no sé si por un arranque de vanidad o por ser buena persona, pero le mandó los 30 millones de pesos. El maestro se olvidó, o talvez nunca se dio cuenta y Miguel tampoco se los cobró. Entonces un día ve Miguel en la prensa que el maestro tenía un tumor en la cabeza; lo llamó diciéndole que había sufrido mucho con la noticia de la enfermedad; el maestro le comenta que se está muriendo. Miguel le ofrece los servicios del mejor neurocirujano del mundo, amigo de él, que vive en Toronto, y que si quería lo hacía venir a Colombia o le pagaba el viaje hasta Canadá. Pero el maestro le explicó que ya era imposible, porque estaba en las últimas de su enfermedad. Y fue entonces cuando le menciona que aún no se había olvidado de la vieja deuda de los 30 millones, ni de su generosidad y paciencia. Y le propuso que le iba a pagar con unos cuadros. Miguel, apenado, le respondió que no lo llamaba para eso sino para ponerse a su disposición, pero el maestro le insistió en que le iba a pagar la deuda con cuadros. Miguel lo tomó como la última voluntad del maestro y aceptó. A los 15 días recibió unos paquetes conteniendo seis cuadros.*

Giraldo, asegura que estaba con Miguel cuando éste recibió los cuadros, recuerda que uno de ellos es una barracuda, en la que se nota que la visión del maestro ya estaba deteriorada.

—*Pero, de todas maneras* —afirma— *fueron los últimos cuadros que Obregón pintó en su vida. Miguel tuvo colocados esos cuadros durante algún tiempo en la sala de su casa, firmados, con carta de certificación y gratitud.*

*Gilberto era coleccionista de otro tipo de arte, de arte europeo.*

*Alberto menciona que tenía una muy buena colección de pintura flamenca. Tenía varios Caballeros, Boteros, una colección maravillosa.*

Para Giraldo, Miguel era el de menos vida social.

*—Era de un carácter muy amargo; le decían Limón, pero en el fondo era muy buen hombre.*

Y esa afición por el deporte lo llevó a codearse con gente muy importante del fútbol continental, además de su amigo Carlos Quieto, a quien obligaba a que lo visitara para intercambiar jugadores y ponerlos en otros equipos.

*—En el año 92 yo fui a Argentina. Miguel me dio una carta para que se la llevara a un tipo que era el presidente del banco la Nación de Argentina. Llego a Buenos Aires y comienzo a llamarlo; no me pasaba al teléfono. Al final le dije a la secretaria que le traía una carta de Miguel Rodríguez de Cali Colombia, y a los dos minutos me estaba contestando la llamada. Me puso cita para el otro día a las diez de la mañana. Me invitó para el domingo siguiente para que viéramos en el palco el partido River-Boca. El tipo, según supe después, fue el socio del ex presidente Menem en el escándalo del contrato de la IBM y había sido presidente del River.*

En esa época Gilberto ya había comprado una elegante y amplia casa al nororiente de Bogotá, que había pertenecido a la embajada de

Cuba en Colombia, antes del rompimiento de relaciones diplomáticas con el gobierno de la isla. Vivienda que años más tarde, cuando ya el mayor de los Rodríguez se encontraba en una cárcel de Estados Unidos, su esposa pretendió vender para pagarle a un abogado estadounidense su defensa. Negocio que el gobierno de ese país frustró, alegando que el inmueble había sido adquirido con dineros del narcotráfico, pese a una decisión en contrario de la justicia colombiana.

—*Gilberto tomaba muy poco. Él decía que sus tragos eran muy malos, lo volvían irascible, y había momentos en que no podía ni sabía controlarlos; entonces para evitar eso se condicionó a que jamás volvería a tomar alcohol. Realmente yo muy pocas veces lo vi tomando, y mucho menos en sus años de prisión. Él no volvió a probar una sola gota de alcohol desde el año 95...*

*Drogas, solamente una vez, una sola vez, lo vi utilizar cocaína con unos personajes colombianos, pero eso sí no voy a decir sus nombres. Puedo decirles que era coca suministrada por él, y no colombiana sino alemana. Se la mandaban cristalizada. Yo supongo que lo había hecho antes, pero sólo esa vez yo lo vi. Ese día estaba con tres o cuatro políticos muy respetables de Colombia, y fueron ellos los que le dijeron que les diera de la buena. Y sacó de su escritorio una roquita de esas dentro de un envase. Eran políticos de hace varios años, 20 años, que llegaron a detentar gran poder. Algunos de ellos fueron ministros después. Todos consumieron menos yo. Nunca lo hice. Esa fue la primera y única vez que lo vi; es que Gilberto no era bebedor, ni mujeriego. Él no era mujeriego, era infiel. Se enamoraba de una o dos mujeres, pero no tenía muchas. En cambio Miguel sí...*

## Capítulo XXVIII

# Negocio con Sabas Pretelt

P or todo lo que alcanzó a conocer a su amigo Gilberto, Alberto cree que el apodo que le mantenían de "El Ajedrecista", era muy apropiado por su manera razonable y calculadora de ser. Lo define como un hombre muy analítico que no tomaba decisiones rápidas; como un tipo de proyección nacional, que asistía a los foros económicos sin que le gustara la vida social. Un hombre de actos individuales.

El apetito de Gilberto por ampliar su horizonte económico parecía insaciable. No quería limitarse sólo a la multinacional estadounidense y los bancos. Entre otros grandes negocios que quisieron cristalizar, Giraldo recuerda el de los almacenes "Jota-Gómez", una especie de almacén en cadena con representación simultánea en varias ciudades capitales, que daría comienzo al llamado sistema de grandes superficies, el cual, años más tarde se pondría de moda en todo el país. "Jota-Gómez" era un almacén en el que se encontraba todo bajo un mismo techo; desde miscelánea y artículos para el hogar, hasta ropa, comestibles y juguetes. Y Gilberto puso sus ojos y sus cálculos en "Jota-Gómez", que entonces pertenecía a la familia que llevaba su nombre: Gómez. El gran intermediario de ese negocio fue Sabas Pretel De la Vega, quien años más adelante se convertiría en el presidente de uno de los gremios más poderosos de la economía nacional, el de los comerciantes, FENALCO, de donde salió directamente al gabinete del Presidente de la República Álvaro Uribe, quien lo designó como su Ministro del Interior y de Justicia.

Giraldo recuerda claramente algunos pormenores de ese negocio.

*—Sabas estaba casado con una hija de "Jota Gómez", y como era el mejor negociador de la familia, lo pusieron a acordar con Gilberto la venta del almacén. El negociador fue Sabas. No había ninguna relación de Sabas con los Rodríguez, simplemente los Gómez tuvieron una crisis financiera, llamaron a los Rodríguez y les notificaron que el negociador era el señor Sabas. Y se negoció, para satisfacción de las dos partes.*

Años después, el destino pondría otra vez frente a frente, a Sabas con los Rodríguez Orejuela. Y esta vez, también los uniría fugazmente una firma, y no propiamente la de un millonario negocio. Irónicamente, sería el mismo Sabas Pretel de la Vega quien años más tarde, como Ministro del Interior y de Justicia en el año 2005, se encargaría de firmar la resolución con la cual el Gobierno de Álvaro Uribe ordenó la extradición de Gilberto y Miguel Rodríguez Orejuela a Estados Unidos, bajo cargos de narcotráfico y lavado de activos. Y también como ministro, a Sabas Pretel le tocó liderar el proceso judicial del Estado colombiano a través del cual los Rodríguez Orejuela fueron expropiados del emporio de «Drogas la Rebaja», la más grande y exitosa cadena de farmacias de Colombia.

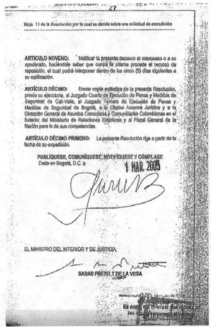

*Resolución de extradición de Miguel Rodríguez Orejuela firmada*
*por Sabas Pretelt de la Vega, Ministro del Interior y de Justicia*

## Capítulo XXIX

# La convención liberal

Antes de esa primera caída que lo obligaría a refugiarse en España, Gilberto ya había incursionado en la política nacional de manera decidida y directa. Y tuvo una participación de primera línea en el ocaso del gobierno Turbay, en plena convención del liberalismo en Medellín.

Según el relato de Alberto, quien también lo acompañó en esa fase, Gilberto Rodríguez, como cualquier liberal de pueblo, decidió participar de manera activa y directa en esa asamblea.

Fue una de las pocas veces que Gilberto asistió personalmente a un acto político público.

—*En la elección del candidato liberal, él pagó el 50% de la Convención de Medellín; el 50% de los gastos del Hotel Intercontinental, aunque la convención se hizo en la Feria de Exposiciones; pero el hotel, todo el hotel, se reservó para los delegados, dividiéndose los costos por partes iguales entre Gilberto y la Dirección Liberal. El único que no asistió fue Barco, pero todos los demás que estaban en la política liberal en ese momento, incluido el doctor Samper, quien asistió como el jefe de debate del doctor López, estuvieron presentes. Esa fue la famosa noche de la contribución del "Cartel de Medellín" a la campaña de López.*

*El señor Gilberto Rodríguez era un hombre al que perseguía todo el mundo; si desayunábamos con el señor Jaime Michellsen, que era el papá de los banqueros colombianos, entonces eso no era malo. La gente le pedía a uno que le consiguiera una entrevista con Gilberto o que le llevara a la casa a comer. Él era un portaestandarte de la nueva economía, nada indecoroso. Por eso asistió a la Convención Liberal, yo lo vi allá.*

*Uno de los contrincantes de López era el tolimense Alberto Santofimio Botero, pero el verdaderamente fuerte para ser proclamado candidato único, era el doctor Virgilio Barco, quien, como se dijo, no asistió al evento considerándose como una renuncia. Gilberto Rodríguez se encargaría de convencer a Santofimio de dejarle el paso limpio a López, quien saldría proclamado candidato.*

Alberto recuerda haber visto muy feliz a Rodríguez Orejuela, pero con «el corazón dividido en dos», entre su cariño personal por Belisario Betancur y su cariño doctrinario por López. Y añade Giraldo que jamás olvidará la frase que le dijo Gilberto Rodríguez luego del triunfo lopista:

—*«Mire la vida mía tan hijueputa, yo bien liberal y tener que ayudarle a los godos hijueputas»*...

Alberto cree que ese fue uno de los momentos más emotivos de Gilberto Rodríguez.

*—Era el dueño de Chrysler Colombia y de la Corporación Financiera; dime quién le eludía el saludo a un personaje de esas condiciones; un tipo al que buscaban los banqueros del país y del exterior para reunirse con él a hacer negocios.*

Y analiza que, pese a su sectario liberalismo, las relaciones de Gilberto con Alfonso López fueron muy distintas a las que mantuvo con Belisario Betancur:

*—De pronto no hubo el mismo nivel de relaciones personales. Gilberto fue más amigo de Belisario.*

## Capítulo XXX

# La primera caída

O tro capítulo que marcó la vida de Alberto Giraldo al lado de los capos de Cali, y que a su vez constituyó un hito en esta etapa de la historia de Colombia, fue el del encarcelamiento de Gilberto Rodríguez en España.

Alberto recuerda que, en octubre de 1984, comenzó el "principio del fin" del mayor de los hermanos. Su presencia en España obedeció a la persecución que emprendieron las autoridades contra todo lo que oliera a narcotráfico, tras el asesinato del Ministro de Justicia Rodrigo Lara Bonilla, que aunque fue atribuido a Pablo Escobar y al Cartel de Medellín, obligó a la huida de los jefes de Cali. Huida que, según lo asegura Alberto, contó con avisos previos del presidente Betancur.

—*Les manda mensajes a sus amigos diciéndoles: «escóndanse»...*

Alberto recuerda que Gilberto partió primero hacia Brasil y de allí para Panamá, en donde sucedió un hecho inusitado, dado que se encontraban también varios de los que en esa época ya eran señalados por los Estados Unidos, como integrantes del «Cartel de Medellín», entre ellos Jorge Luis Ochoa Vásquez. Y fue allí donde se encontraron los dos hombres, quienes pese a pertenecer a bandos contrarios en el negocio de la droga, construyeron una cordial amistad.

—*En esos momentos ellos tenían la protección del general Noriega, quien era el Presidente de Panamá, y les dio protección durante un año, hasta que las presiones del gobierno estadounidense los obligó a abandonar el país. Entonces los dos optaron por España.*

*Pero en España no fueron para nada discretos, y pronto las autoridades ibéricas y otra vez las de Estados Unidos los tuvieron en la mira.*

Alberto guarda detalles de esa indiscreción que llevó a los dos capos tras las rejas.

—*Se dedicaron a hacer compras curiosas. Por ejemplo 17 carros Mercedes Benz, dos BMW, dos Maserattis, en fin, se dieron la gran vida, y comienzan a investigarlos y encuentran que se han comprado 1.500 hectáreas en diferentes partes,* —asegura el periodista Giraldo.

Pero hay más…

—*El gran secreto de su detención es que ellos en ese momento decidieron comprar un banco, que se llamaba el Banco Atlántis; y esa fue la gran perdición, porque naturalmente entraron en el proceso de investigación de las autoridades y por eso ordenaron su detención, misma que se hizo efectiva mientras Rodríguez y Ochoa cenaban en el Restaurante La Dorada, al lado del Hotel Meliá Castilla, uno de los restaurantes de Madrid más afamados*

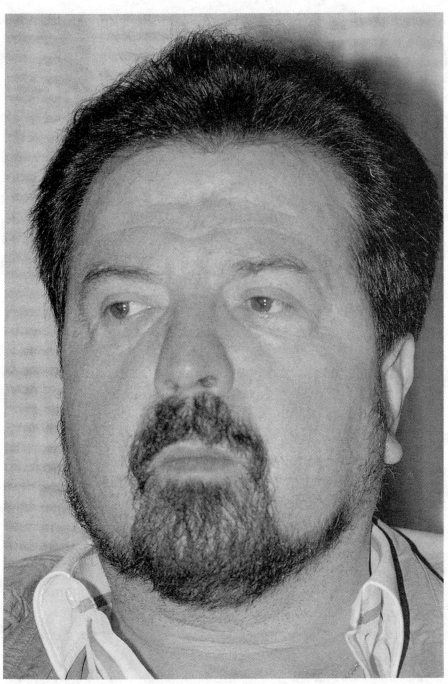

*Gilberto Rodríguez Orejuela. Durante sus 67 años de vida en Colombia,
fue capturado 3 veces (Cortesía Revista Semana)*

*y acreditados en mariscos y pescados. Ambos se encontraban con sus esposas.*

*La noticia de su captura de inmediato le dio la vuelta al mundo. Hasta las revistas del corazón daban cuenta de «escandalosas reuniones de dos colombianos», desfiles de lujosos automóviles por la ciudad capital y derroche de lujos en todas sus salidas públicas.*

Los dos fueron conducidos por la Policía a la cárcel de «Carabanchel». En los antecedentes de esa detención figura el nombre del propietario del grupo «Rumasa», el más importante grupo económico de España, a quien Giraldo recuerda como *«un señor Ruiz Mateus, que era de inspiración y origen del Opus Dei».*

Este hombre llegó a constituir un imperio industrial de 17 bancos y más de 100 empresas, cuyo símbolo era una abejita, y que se fortaleció durante los últimos tiempos del gobierno de Franco.

Según Alberto Giraldo, antes de ganar las elecciones, Felipe González ya se había "montado" en esa pelea, librando una cruzada para desmantelar el imperio del señor Ruiz Mateus.

Y agrega:

*—Entre los años 1984 y 85 el grupo tenía un banco muy importante que era el Atlántis; Gilberto Rodríguez y Jorge Luis Ochoa decidieron hacer una coalición económica para comprar el banco. La operación, aunque fue hecha a través de testaferros, era de tal envergadura que naturalmente llamó la atención de las autoridades de España y Estados Unidos...*

*En ese entonces, ese banco costaba unos 200 millones de dólares. Y es ahí cuando se dan cuenta de la presencia de estos dos personajes colombianos que tenían dinero aparentemente «non santo», y los capturan.*

*A partir de ese momento comienza un largo litigio judicial entre Colombia y Estados Unidos, por la extradición de los detenidos. Colombia batalló para que los extraditaran a su país de origen, mientras que Estados Unidos hizo lo propio para que los enviaran a una de sus cárceles de la Florida.*

## Capítulo XXXI

# La amante colombiana de «Isidoro»

P ero años atrás de la sorpresiva caída de los dos colombianos en Madrid, había ocurrido un encuentro secreto, entre el líder socialista Felipe González y el entonces embajador de Colombia en España, Belisario Betancur. Encuentro que podría interpretarse como el plomo que más tarde haría inclinar la balanza a favor de los colombianos, es decir, a favor de su extradición a Colombia y no a Estados Unidos, de donde estaban seguros que no recobrarían jamás la libertad.

Giraldo asegura que fue testigo de este encuentro, del que hasta el momento poco se ha conocido, y que guarda un secreto inédito de la vida íntima de un muchacho de 28 años, que más adelante se convertiría en el presidente del gobierno español.

—*El éxito más importante de Betancur en la historia, fue que hizo parte de la transición del gobierno de Franco, al gobierno socialista de Felipe González... Yo conocí a Felipe González en la embajada de Colombia en España.*

*Ustedes me van a decir que soy un «marica» mentiroso, pero es verdad. Yo fui testigo... Un día, estando en Madrid, alojado en el hotel Palace, Betancur me invitó a comer. Yo era un pobre periodista; llego a la embajada a las siete de la tarde y, veo a un «marica» ahí en chaqueta sentado en la recepción; el futuro presidente me dice que se llama Felipe González, recién llegado de Francia, en 1975, donde era el secretario del Partido Socialista, en la clandestinidad... Por ello utilizaba como seudónimo el nombre de «Isidoro».*

*Lo veo ahí, le saludo, nos sentamos y conversamos. Obviamente para mí eso fue hermoso...*

*Luego, el embajador Betancur y yo nos fuimos a tomar un jerez, y me explicó que más tarde llegaría el ministro Manuel Fraga Iribarne, quien era Ministro del Interior de Adolfo Suárez, presidente del gobierno, heredero del régimen de Franco, encargado de hacer el contacto con Felipe González, en plena embajada de Colombia en España.*

Alberto Giraldo admite ahora que, como relacionista público, cometió un gran error al no aprovechar ese encuentro para hacer amistad con el futuro presidente español.

—*Pero me interesaba más el embajador y no le paré muchas bolas al otro tipo,* —afirma con algo de melancolía, pero sigue su fascinante relato:

—*Fraga llega y el embajador Betancur les deja la casa y les dice a él y a González que se queden solos en la casa de la embajada, y es cuando se establece el contacto.*

Este episodio, analiza Giraldo, serviría años después a los intereses de Gilberto Rodríguez Orejuela para no ser extraditado a los Estados Unidos cuando estuvo detenido en España.

—*Eso nos permitió la repatriación de Gilberto. Porque el primer ministro, el señor González, siempre se mostró muy dispuesto en la repatriación de Gilberto a Colombia.*

Pero lo todavía más sorprendente de la historia, es la revelación de Giraldo sobre los motivos que llevaron a Felipe González a buscar refugio en la embajada de Colombia, a buscar esa casa como sitio de encuentro, cuando regresaba de su clandestinidad en Francia.

—*El tenía una amante colombiana. A mí me contó Betancur que en esa relación hubo una mujer. Belisario me dijo que Isidoro tenía una amante colombiana, amiga suya y fue quien pidió ese asilo a Belisario, porque él, en ese momento aún estaba en la clandestinidad, una clandestinidad soportada por el gobierno, porque venía de ser secretario del Partido Socialista en Francia.*

Giraldo nunca supo el nombre de la mujer colombiana, la amante de González en ese entonces.

Belisario Betancur regresa a Colombia para ser candidato presidencial, y después de la primera campaña conocería a Gilberto Rodríguez Orejuela por intermedio de su periodista de cabecera, Alberto Giraldo.

## Capítulo XXXII

# La primera extradición

La captura de Gilberto Rodríguez en España, cuando Betancur ya era Presidente de la República, sirvió de disculpa para que Alberto Giraldo conociera a Miguel, el hermano de Gilberto Rodríguez. Ya Giraldo había comenzado a tener protagonismo desde Colombia en la lucha por evitar el envío de su amigo a Estados Unidos, y hasta ese momento no conocía personalmente a Miguel Rodríguez, de quien tenía alguna noción por las frecuentes llamadas que su hermano Gilberto le hacía diariamente a Cali.

Miguel mataba su tiempo hablando de fútbol y gozaba de la fama y status de hombre millonario que le dejaba su hermano. Pero, con la detención de éste, hizo su aparición en la escena pública y encabezó la cruzada jurídica para lograr la repatriación de su hermano al país.

La detención de Gilberto en España motivó que, por primera vez, Alberto Giraldo y Miguel Rodríguez Orejuela hablaran personalmente. Eso ocurrió en la madrugada posterior a la captura.

*—Me llama como a las dos de la mañana de ese sábado y me pide que le ayude para evitar la extradición de Gilberto a Estados Unidos,* —recuerda Alberto.

Miguel viajó a Bogotá para apersonarse de la situación; se encuentra con Alberto en el Hotel Tequendama, en pleno centro de la capital. El primer favor que le pidió fue que se comunicara de inmediato con el presidente Betancur para conocer la posición oficial del gobierno colombiano en el asunto.

*—Entonces el lunes siguiente yo logro conseguir al presidente Betancur quien naturalmente ya estaba informado, y me dijo que el gobierno colombiano haría lo humanamente posible para extraditar a Gilberto al país, dentro de la ley. Ni más allá ni más acá...*

Las palabras textuales del presidente Betancur, según las recuerda Alberto, fueron:

*—«Se tratará de aplicar la ley, y dentro de ese proceso traeremos a Gilberto para Colombia»...*

*Esas fueron las instrucciones que el presidente Betancur le dio a su canciller Augusto Ramírez Ocampo y a su embajador en España, el señor Ramiro Andrade.*

Miguel aprovechó su limpia imagen exenta de cualquier antecedente judicial, para conseguir citas y entrevistas con ministros de Estado, el Procurador General, el canciller, embajadores y congresistas para pedir que intermediaran a favor de su hermano.

El proceso, que fue la noticia más importante en Colombia durante todo el tiempo de expectativa, se prestó para especulaciones de toda índole. Incluso, se llegó a hablar de planes de fuga con helicópteros y aviones, mercenarios internacionales contratados para liberar a los prisioneros colombianos de la cárcel de Alcalá de Henares.

*Gilberto Rodríguez Orejuela estuvo detenido 18 meses en España.*
*(Foto cortesía Revista Semana)*

En esta última prisión permanecieron sin mayores problemas al lado de los terroristas de la ETA, hasta cuando se cumplieron los casi 18 meses que duró el proceso de extradición, mismo que alcanzó todas las instancias jurídicas de España. Desde un juez, hasta la Real Audiencia, pasando por los ministerios de Justicia y de la Presidencia y del propio Felipe González. Finalmente, a principios de 1986, el presidente González decide la extradición de los dos colombianos hacia su país de origen. Alberto no creyó nunca en los rumores que indicaban que corrió plata del narcotráfico y que hubo sobornos para lograr el envío de los dos detenidos a Colombia. Para él, la Audiencia era intocable, y estaba conformada por hombres de intachable moral.

Cree que fue más la lucha jurídica y la presión de la opinión pública colombiana.

*—A favor de Gilberto, habló toda la clase política colombiana, comenzando por el Presidente de la República y siguiendo por los presidentes de los partidos políticos tradicionales. En se momento la extradición era impopular en Colombia. En el caso del señor Ochoa, por ejemplo, en mis viajes a España encontré que en su favor se interesó un tipo que en ese entonces era el estandarte de la hispanidad, llamado Luis Miguel Dominguín, un símbolo de la hispanidad, el mejor torero del mundo, papá de Miguel Bosé; los grandes toreros, ganaderos, empresarios taurinos, todos estaban en defensa del señor Ochoa.*

Una vez aclarado el tema en España y aprobada la extradición de Gilberto hacia Colombia, Miguel vuelve a buscar los servicios del periodista Giraldo, y le pide que le busque una cita con el director del DAS del momento, General Miguel Maza Márquez.

La idea de Miguel era que el gobierno colombiano le diera protección a su hermano en el viaje de regreso, para evitar cualquier «impase» en una escala técnica. Gilberto aterrizó sin problemas y fue confinado en una cárcel de Cali, mientras resultó absuelto por la justicia y recobró su libertad.

Mientras tanto, Jorge Luis Ochoa, fue llevado a Cartagena a responder por un proceso de contrabando de reses, y luego confinado en la Penitenciaría La Picota de Bogotá, en el frío sur de la ciudad, de donde salió una tarde apoyado en una resolución judicial que más tarde fue calificada de ilegal.

El destino los separaría una vez más. Aunque Jorge Luis Ochoa no se consideraba miembro del Cartel de Medellín, una guerra abierta declarada por Pablo Escobar Gaviria contra «la gente de Cali», haría imposible que los dos amigos se encontrasen de nuevo, por lo menos en las mismas condiciones de solidaridad en que habían sobrevivido los 18 meses en España. Jorge Luis Ochoa regresaría años más tarde a la cárcel, pero esta vez por voluntad propia. Acogiéndose a un generoso plan de sometimiento del gobierno de entonces. Él y sus dos hermanos Juan David y Fabio, se entregaron a un fiscal para confesar sus delitos y devolver los bienes. La justicia colombiana no había podido consolidar pruebas contundentes en contra del clan, a los que ya Estados Unidos calificaba como "los capos de Medellín". Los tres recibieron jugosas rebajas de pena que les permitió reintegrarse a la sociedad civil y continuar con su próspera empresa de cría y venta de caballos de paso fino.

Fabio Ochoa Vásquez, el menor del trío, sería recapturado nuevamente en el año 2002, para ser extraditado a Estados Unidos donde fue encontrado culpable de narcotráfico y condenado a una pena de más de 20 años de prisión.

## Capítulo XXXIII

# El hombre que murió tres veces

El último encuentro con Alberto Giraldo ocurrió en un apartamento del barrio "Quinta Paredes" de Bogotá, en agosto de 2005. Durante un almuerzo, previo a la entrevista, volvió a hablar de la situación de Gilberto y Miguel Rodríguez Orejuela en la cárcel de Estados Unidos.

Según el periodista de 71 años, el panorama de los dos hermanos extraditados estaba cambiando de una manera extraña, pues la justicia de Estados Unidos acababa de prohibirle al abogado defensor, el percibir honorarios pagados con dinero que no hubiese sido declarado legal.

Esa situación obligó a la familia a poner en venta la gran casona del norte de Bogotá, la misma que Gilberto había adquirido en la década de los 80, y que perteneció a la misión diplomática cubana. Pero de forma sorpresiva, el abogado defensor en La Florida, renunció. Y simultáneamente la justicia colombiana inició un proceso para confiscar el inmueble de su familia, y los dos hermanos, en la práctica, se quedaron sin abogado.

Alberto reveló que como alternativa, el mayor de los Rodríguez negociaba con una editorial estadounidense la venta de un libro, que había escrito durante los últimos 20 años.

—*Hay un ambiente raro*, —declaró Giraldo, quien hasta el último momento estuvo enterado de la suerte de los Rodríguez Orejuela en el juicio.

Ese día de agosto, Giraldo reconoció que se sentía mal de salud, pero no especificó detalles. Ya no tomaba licor, y su dieta había sido drásticamente variada. Años atrás había sufrido un cáncer de próstata, del que salió bien librado luego de una operación. De esa intervención quirúrgica, "El Loco" Giraldo guardaba una historia insólita.

Relató que cuando el departamento médico le ordenó la operación, estando todavía preso en la cárcel Modelo, planeó la manera de salir un día antes para la clínica. La cirugía estaba prevista para el sábado, pero Alberto salió desde el viernes. Al hospital llegó dos días después ebrio, y por eso el médico sólo pudo intervenirlo 24 horas más tarde. Luego contaría a sus hijos que aprovechó esa fugaz libertad para reunirse de nuevo y beber whisky con algunos colegas y políticos amigos.

El cáncer que creía derrotado volvió a aparecer, en momentos en que el periodista ya era un hombre libre de todo apremio judicial y personal. Ahora sólo lo perseguían las deudas y el temor por el futuro de su último hijo.

Andaba "para arriba y para abajo" con un cáncer regado por todo el cuerpo, y solo él y tres personas de su entorno familiar lo sabían. A nadie más se lo reveló y nunca quiso demostrarlo. Públicamente era un hombre común, de esos que van por la calle sanos y llenos de vida. Siguió asistiendo a los mismos almuerzos y hablando con la misma seguridad, con la misma alegría, revelando sus datos más frescos. Pero la tarde de esa charla final, como si se tratara de una triste profecía, Alberto tomó la decisión de decir las que serían sus últimas palabras sobre el presidente Ernesto Samper, el personaje que indudablemente alteró el destino de su existencia.

*—Ésta es la última vez que voy a mencionarte ese nombre, porque si a Samper lo absolvió su juez natural, que es el Congreso, yo me considero también absuelto.*

*Él está en su lado y yo en el mío. Él sigue siendo ex presidente, y yo ex presidiario. Esa es la diferencia.*

El primer viernes del mes de septiembre ingresó caminando a la Clínica San Ignacio de Bogotá. Le pidió al médico que lo atendiera rápido, porque tenía un almuerzo importante y una cita el sábado siguiente.

Esa misma noche lo declararon desahuciado, y cuando su familia y amigos lo creían muerto, alistando ya las honras fúnebres, Alberto se negó a morir. A su compañera Bibiana la tranquilizó diciéndole, en la sala de espera, que todavía le quedaban cinco años más de vida.

Y en medio de cables que le cruzaban el cuerpo y el oxigeno artificial, el corazón de "El Loco" se resistió a parar. Pesimistas, los médicos lo operaron y la vida le dio una nueva oportunidad. Salió de cuidados intensivos a ver las noticias por televisión y a escuchar la radio en las mañanas.

*—Yo quiero morir bien informado,* —decía a los médicos que vigilaban su sorpresiva recuperación.

—¿*Qué le estará pasando a Uribe?*, —le preguntaba a una sobrina cuando veía al primer mandatario de los colombianos en una alocución sobre la negociación con los grupos paramilitares.

Alcanzó a lamentar la muerte del ex presidente Julio César Turbay y le quedó tiempo hasta para preguntar si hubo noticias nuevas de los Rodríguez Orejuela, en esa última semana en la que estuvo "ido" de la realidad. Y ellos, a través de su familia en Bogotá se comunicaban todos los días, desde prisión, para conocer el estado de salud de su amigo.

Y cuando todos presagiaban que el milagro iba a suceder, que estaba cerca su regreso a casa, la muerte lo sorprendió después del noticiero de las diez de la noche del jueves veintidós.

Las paradojas de la vida lo acompañaron hasta sus últimos instantes...

Cinco días antes de su deceso, cuando "resucitaba" y recobraba la conciencia dormida por los analgésicos, aún sin poder hablar, entró una llamada al celular de su esposa Beatriz quien lo acompañaba en ese momento:

—*Alberto, tienes una llamada; es el presidente Samper*...

Alberto abrió los ojos más grandes de lo normal, y los volvió a cerrar...

Fin.